低コストで手間いらず！

貸会議室ビジネスで副収入を得る方法

著 hiro田中
森実勇樹

青月社

1

物件を借りる

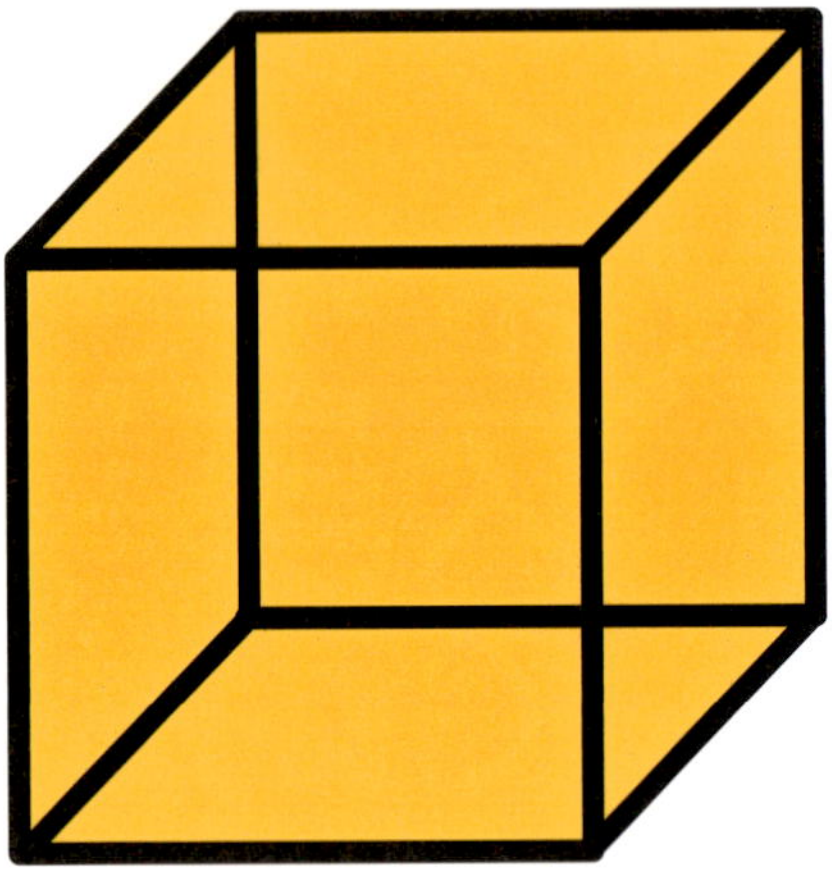

▶貸会議室として運営するための物件を探し、不動産仲介会社などを通してオーナーと**賃貸契約**を結びます。これは住居用の部屋を借りるのと同じ要領です。ただし、物件の**オーナーや管理組合にあらかじめ用途を伝えてから契約**するようにします。

▶間取りは1Rや1Kがおすすめ。住居用としては敬遠されがちなオートロックなし、エレベーターなしの物件でも貸会議室としてならまったく問題ありません。

▶**敷金・礼金・前家賃などの初期コスト**がかかります。

2

備品をセッティング

▶貸会議室として機能させるために、机や椅子、WiFi環境などの備品のセットアップを行い、ドアにキーボックスを設置します。

▶集客はインターネットで行うので、写真映えする色づかい、清潔感のある空間にするのがコツです。

▶賃貸契約から備品のセットアップまで、**初期費用のトータルは平均95万円程度**です。

（貸会議室の運営代行会社・クルトンのデータより）

3
ポータルサイトで集客

▶集客のため、貸会議室の**予約ポータルサイトに自分の物件の情報を掲載**します。価格は自由に決めることができます。

▶売上を最大化するために、**大手の３つの予約サイト（スペースマーケット、スペイシー、インスタベース）**にはすべて掲載することをおすすめします。

▶予約が入ったらその都度お客様対応。キーボックスの番号を通知するなどのやりとりをします（運営代行会社におまかせすることも可能）。
利用代金の決済はサイト内で完結します。

4

売上から利益を得る

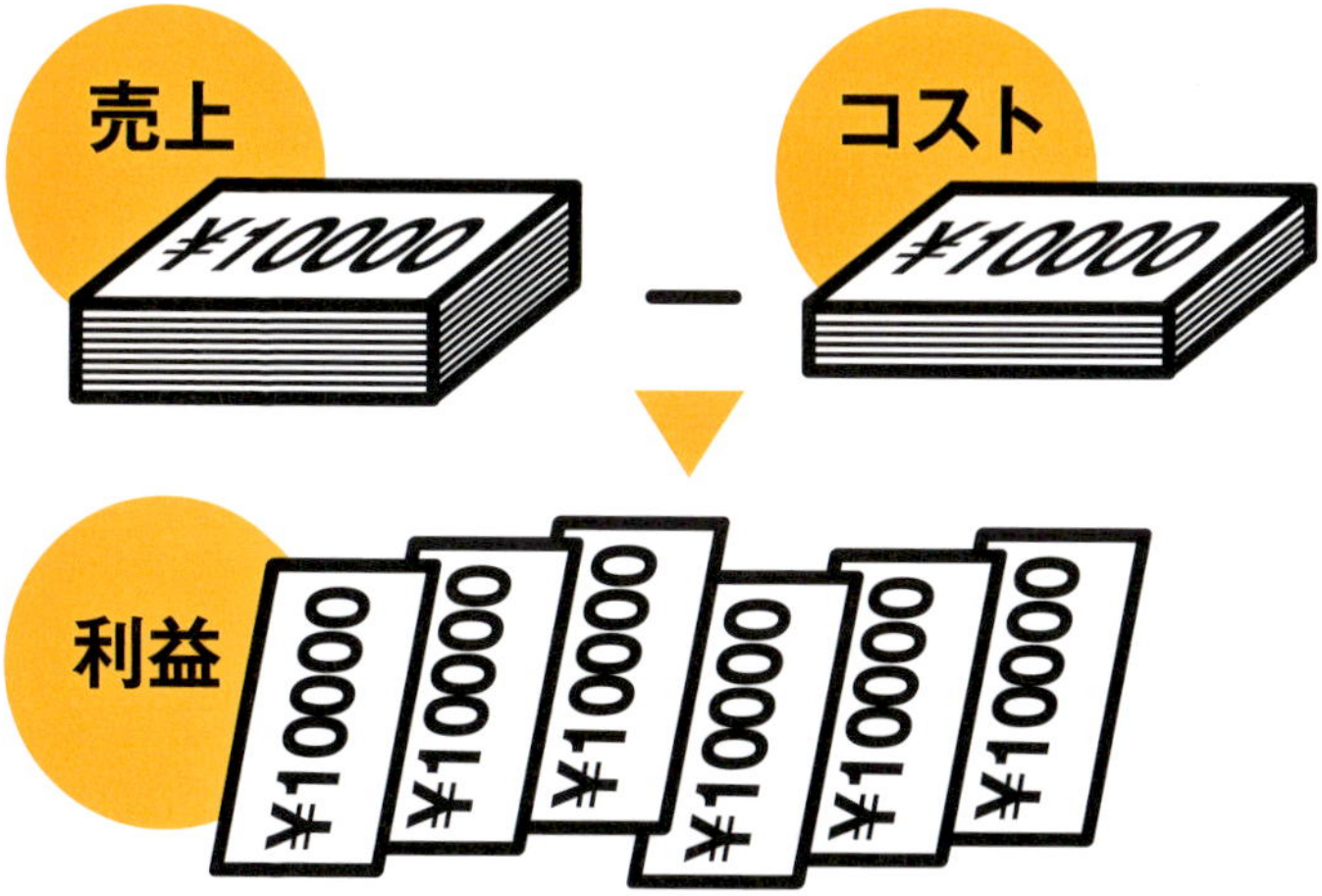

▶毎月の売上からコスト（家賃、光熱費、集客サイト手数料、運営代行料など）を引いて残った金額が利益となります。

▶この貸会議室ビジネスで**黒字になる確率は94%、72%がたった3年で投資回収に成功する見込み。**
（貸会議室の運営代行会社・クルトンのデータより）

▶物件によっては**初期コストを1年以内に回収できている例もあります。**つまり利回り100%を超えています。（貸会議室の運営代行会社・クルトンのデータより）

運営方法は2通り

1

すべて自分でやる！

物件リサーチから賃貸契約、備品の準備と設置、サイトへの物件登録、予約管理、顧客対応、清掃の手配など、貸会議室の運営のすべてを自分自身でやるスタイル。

メリット

- すべてを自分の手で行うので、余計な費用がかからず、高い利益率を維持することができる
- 初期コストの回収が早い
- ビジネスを自分で動かす醍醐味を味わうことができ、さまざまな人脈を構築できる

デメリット

- 失敗や迷いが多く、ノウハウをゼロから構築する必要がある
- 時間と労力が必要
- 予約管理・顧客対応など、日々の業務が発生する

本書の著者の一人であるhiro田中氏はこちらのタイプ。その奮闘と成功のドキュメントはChapter2を参照。

2

運営代行会社におまかせ！

物件リサーチの段階から顧客対応、運営後の売上分析まで、貸会議室ビジネスの運営の大部分を代行会社におまかせするスタイル。

メリット

- 運営に関するほとんどの業務をまかせることができるので、手間をかけずにビジネスが成立する
- 代行会社のノウハウにより、トラブルが少ない効率的な運営ができる

デメリット

- 代行手数料が必要なため、利益率が下がる
- 事業家として実務経験を積んだり、人脈を構築することは難しい
- 代行会社の撤退や倒産のリスクが存在する

本書の著者の一人である森実勇樹氏は運営代行会社の経営者。その運営ノウハウはChapter3を参照。

まえがき　～副業を探しているあなたへ

「たった◯◯だけで月収◯万円」というセールス文言をよく見かけます。そんなにラクなの？　誰でもできるの？　などと疑いの目を持ちながら、どこかで淡い期待を持ったりする人がいるかもしれません。

しかし実際にはそこに到達するまでには並々ならぬ努力が必要で、浮き沈みも激しく、継続的に安定した収入を得られるものはほとんどありません。

たとえある程度確実に利益が得られるスキームがあったとしても、ＴＶや新聞で話題になる頃にはすでに多くの人が参入し、競合ひしめく成熟期に突入しているものばかりです。

私たち（ｈ：ｉｒｏ田中・森実勇樹）が出会ったのは２０１７年秋。まだ誰も（もしくはほんのわずかな人しか）このビジネスを手がけていない頃です。そこから1年以上の歳月をかけて試行錯誤を繰り返し、ようやく基本的なビジネススキームを創り上げました。

それはとても**シンプルな仕組みだけれど、やり方さえ間違えなければ誰でも手堅く利益を上げることができ、さしたるリスクも見当たらない**、まさに副業にピッタリのノウハウです。

個人でゼロからスタートして自らの足と知恵で市場を見てきた不動産投資家・ｈｉｒｏ田中と、プロフェッショナルな観点でたしかな実績を築いた運営代行会社代表・森実勇樹が、世の中に先駆けて、その全容をわかりやすく公開します。

本書では、**一人で事業を営むプレイヤーの目線と、運営代行でバックアップする企業の目線、両方の捉え方を読み取れるように構成**しています。さらに後半では、サイト運営者へのインタビュー取材も敢行し、さまざまな角度からこの市場の本質を捉えられるように工夫しました。

原稿を執筆する中で、貸会議室の新たなニーズを発見したり、少しずつ仲間が増えていく実態を目の当たりにし、ますますこの市場が発展する可能性を感じています。

「貸会議室」という名前は聞いたことがあるけれど、それが一般の人の収入源になり得ることを知っている人はまだまだ非常に少ないです。しかも利用者の潜在ニーズがあり、事業を運営するためのインフラはほぼ整っているにも関わらず。

今、私たちは現代の宝の山を探し当てました。

この本を通じて貸会議室の魅力や可能性、そしてノウハウを感じてください。

そしてこの本を読み終わった後、みなさんの未来にどのような変化をもたらすかとても楽しみです。

hiro田中
森実勇樹

CONTENTS

Chapter 1

誰でも簡単にできる貸会議室ビジネスの魅力

Chapter 2
すべて一人でできた！ 貸会議室ビジネス成功秘話

hiro田中

Chapter 3

運営代行会社から見た貸会議室ビジネスの全貌

森実勇樹

Chapter 4 貸会議室ビジネスのスタートガイド

Chapter 5 予約サイトの経営者に聞く！

Chapter 6

先駆者2人の本音対談

Chapter 1

誰でも簡単にできる貸会議室ビジネスの魅力

不動産投資の新たな視点
不動産×シェアリングエコノミーの可能性

サラリーマンの総「副業」時代が到来！

朝早く起きて会社に行き、クタクタになってオフィスを出る。たまには飲みに行こうかな、と思っても、職場のメンバーではいつも同じグチの繰り返し。

一生懸命働いても、適当にやっていても給料は大して変わらず、毎月赤字スレスレの家計の中で、なんとかボーナスで補填できれば御の字。

家賃がもったいないと、出産を機に自宅を購入したものの、計画通りに年収が伸びず、ゆとり返済で組んだ35年ローンがじわじわと重くのしかかる。

こんな状況でも、子どもの学費や冠婚葬祭、つい買ってしまう通販の支払い、ちょっとした旅行などで出費は増えるばかり。

今は60歳が定年だけど、この先年金の受給開始年齢も引き上げられ、受給額さえも減っていく一方。一番の関心事は、何歳まで働けるか。そもそもこの会社で定年までもつのか……。

一度きりしか無い人生、本当にこのままで良いのだろうかと常に頭をよぎります。

政府が提唱する「働き方改革」、国が副業を推奨するようになった背景は、終身雇用の限界が見え、経営者も雇用を保証できなくなったことも一因です。

一つの会社に自分の全人生を捧げる時代は終わりました。本業が傾いても副業で生活を支えたり、副業が順調に成長し、いつしかそれが本業になったりすることもあり得る時代。副業をはじめてデメリットはありません。

そうはいっても何からはじめて良いのかわからない、自分には無理だと、そんな言い訳ばかりを見つけて行動できない人がたくさんいます。

副業の代表格として「不動産投資」があります。いきなり「節税のためにマンションを買いませんか?」なんていう電話がかかってきた人もいると思いますが、不動産投資にもさまざまな方法があり、学びはじめると結構奥が深いです。

不動産投資の基本は、銀行からお金を借りて物件を買い、家賃収入を得て、その中から返済をして、維持管理費と税金を払い、最後に残った利益を得る、というものです。

このため不動産投資では、いかにして「最終の利益」をたくさん得られる物件を見つけられるか、もしくはいかにして多くのお金を金融機関から借りられるか、ということが成否を分けるカギとなります。

いい物件に出合い、期待通りの融資を受けられさえすれば、他のビジネスに比べて圧倒的に労働量が少なく、とても効率よく安定した収入を得られることが、不動産投資の大きな魅力です。

その魅力に惹かれ、サラリーマンがこぞって不動産投資をはじめましたが、実際にはそんなに甘くない現実がありました。

閉塞する不動産投資業界

不動産投資は魅力ある事業として注目され、毎日どこかで不動産投資関連のセミナーが開催されています。国内のサラリーマンのみならず、海外の投資家もこぞって日本の不動産購入を積極的に行ってきました。金融機関も健全な融資先として積極的に融資してきました。このため物件価格が上がり、結果としていくら家賃が入っているかという収益性を測る「利回り」が低くなっている状況です。

そこで多くの人は価格の高い都心ではなく、地方の高利回り物件を探すようになりました。しかしほとんどのエリアでは人口が減少し、空室率20％の時代、長期返済を伴う不動産投資の場合、リスクのある選択となるかも知れません。

買えれば何でも構わない、と高額の借金を抱え、空室に悩まされて思ったように収益が上がらない、といった悩みを抱える人も少なくありません。

数年前に流行ったシェアハウスに30年間の家賃収入を保証する「サブリース」をセットして販売し、業績を伸ばす業者が現れました。

ある金融機関も、30年の家賃保証をするのなら安心と思ったのか、物件を購入したいと願うサラリーマンに、条件さえ見合えば次々と融資を承認していきました。

ところが2018年のはじめ、シェアハウスの運営会社が経営破綻。機能していたサブリースの仕組みはいとも簡単に崩壊してしまいました。返済に困窮するサラリーマンが金融機関に押し掛けたことは容易に想像できます。一方で融資に必要な書類のねつ造疑惑など新たな問題が次々発覚。これを受けて、金融庁の厳しい指導が入り、各金融機関が慎重な姿勢を取らざるを得なくなってきています。

つまり、**銀行からの融資を受けて不動産投資をはじめようとするサラリーマンにとって、現在はすでに非常に厳しい環境になってしまったのです。**

このまま金融機関の融資引き締めが続けば、このブームで物件を買った人は売却しようにも思った価格で売れず、借金を残して撤退、なんてこともあり得ます。

今、本当に不動産投資をはじめるべきなのか、収益性は大丈夫なのか、高額な買い物なだけによく勉強してから参入して欲しいと願います。

低属性、自己資金の少ない人でも一発逆転のチャンス

金融機関は融資をする際、属性を重視します。属性とは、年収・自己資金・勤務先の3つ。年収はかつて700万円あれば高属性、1000万円以上なら自己資金が0円でもラクラク融資が受けられる、そんな時期もありました。

ところが最近では年収1500万円以上、自己資金は3000万円以上、少なくとも物件価格の1~2割はないと難しいと言われています。

これからの不動産投資は、かつてのように現金を持っている人だけが買える、一部のお金持ちのビジネスに戻りつつあります。

では属性の低い人、つまり年収が低い人や自己資金がない人は不動産投資をあきらめなければならないのかというと、そんなことはありません。

不動産投資にはいろんな手法があります。数百万円でボロボロの築古一戸建てを現金で購入し、安くリフォームして高利回り物件にする方法や、築古の木造アパートを空室のまま格安で手に入れ、それを満室にして売却し、まとまったキャピタルゲインを得る方法などもあります。しかしそれでもそれなりの自己資金が必要になります。

これまでの不動産投資は物件を「買う」ことからがスタートでした。しかし、世の中は常に動いています。これまでまじめに不動産投資に取り組んでこられた方には奇異に聞こえるかもしれませんが、**必ずしも物件を買うことだけが不動産投資ではないのです。また、自己資金や高い属性がなければできないと諦める必要もありません。そんな人にも挑戦できる方法があります。**

融資を受けられないならば、お金を借りなくてもできる不動産投資の手法を探す、そういった柔軟な発想のもとに着目できるのが**貸会議室ビジネス**なのです。

貸会議室ビジネスは勉強が苦手な人にこそ向いている？

成功の秘訣は、まず行動すること。そんなことわかっているよ、と思いつつ、世の中は情報が氾濫していますから、ついリスクや失敗例を探してしまいます。

貸会議室ビジネスは、他の副業に比べて圧倒的に簡単です。もしかしたらビジネスというより手堅くお金が儲かる仕組み、と言っても良いかもしれません。

一般的な不動産投資であれば、物件を所有・運営するため、それなりの知識が必要です。宅建の免許までは必要ないですが、それに近い知識はあった方がいいですし、リフォームや大規模修繕等物件を維持するための知識など、知っておかなければならないことが山ほどあります。

また想定しておくべきリスクも数多く、空室や修繕のリスク、滞納リスク、火災や地震等災害のリスク、金利上昇リスクなど、挙げればキリがありません。

これに比べて、**物件を所有しない貸会議室ビジネスの場合、専門的な知識や想定しなければならないリスクの知識もほとんど必要ありません。**運営上の注意点といえば、利用者がダブルブッキングにならないように気をつけておくぐらいです。

貸会議室ビジネスで失敗することがあるとしたら、せっかく部屋を借りて会議室を作ってみたけれど思ったほど人気がなく、収入が上がらない、つまり家賃よりも売上の方が少なく自分の財布からお金が出ていく、という状況でしょうか。

万が一事業に失敗し撤退を余儀なくされた場合、物件を所有する不動産投資は大変です。残債が残り大きな痛手を伴うこともあるでしょう。その点、物件を所有せず賃貸物件で行う貸会議室ビジネスは容易です。撤退を決めて他の物件で再チャレンジすればいいだけです。

あれこれ勉強して知識でがんじがらめになるよりも、まずはやってみる。大きな失敗はないし、うまく行けば自信が確信に変わります。そこで得た経験を次に活かし、拡大するためのヒントを得ながら、少しずつ物件数を増やしていくと、あっという間に稼げるようになります。

行動力はあるけれど、勉強は今イチ苦手、という人にこそ最適です。

誰も気づかなかった空間にチャンスがある

「貸会議室」というものがあることを知らない人はまずいないと思います。しかしほとんどの人は、会議室は借りるものと思い、自分がそれを事業として営めるかどうか、という視点で捉えている人は少ないようです。

実際に貸会議室を利用してみると、何の変哲もない住居用のワンルームの部屋に、無機質な机とごく普通のパイプ椅子が並べられているだけだったりします。各部屋にトイレがついている点ではかなり便利です。

部屋は住むために借りるものという常識・思い込みをいったん外してみると、実は会議室としても十分に運用できるんだということに気づかされます。

しかし、ワンルームのような狭いスペースで会議室としてのニーズを満たすものだろうか、という疑問も浮かんでくると思います。

会議室の借り手として一番に思い浮かぶのは企業です。企業では常に会議が行われ、新製品の説明会やセールスの研修会、たくさんのお客様を招いての商談会などが行われています。もちろん大企業であれば社内の会議室やホールなどを使用することでしょう。ところが世の中、大きな会社ばかりではありません。マンションの一室を借りてオフィスにしている会社や、予算の都合で決まった会議室を常設できない会社などいくらでもあります。我々のように、何か新しいことをはじめようと考えて、関係者が集まって意見交換をしたいときに、数名で集まれる場所が、実はなかなか少ないのが現状なのです。

そんな時、**格安で、時間貸しで使えるスペースが欲しい。これは今にはじまった需要ではなく、ずっと前からあります。ところが、それが「会議室用に作られた物件」に限らず、「普通の住居用の物件」でもまったく問題がない、ということに気づくところに発想の転換があるのです。**

また、貸会議室ビジネスとは言うものの、会議室のスペースは必ずしも会議をするためだけの場所ではないということが、実際に運営してみてよくわかります。

小規模セミナー、取材や撮影、人目が気になる商談やお金の話などプライベートな用事でもニーズがあります。ほかにも、パーティーや女子会、面接、販売会など、用途は多岐に渡ります。そこには**会議の需要では収まらない大きなマーケットがあるのです。**

イメージや思い込みだけで判断していると、大きなビジネスチャンスを失うことにもなりかねません。

自分の可能性を眠らせていないか？

サラリーマンの人が不動産投資に興味を持つと、まず熱心に勉強したり、たくさんの情報を集めて知識ばかりは得たものの、実際には行動できないケースをよく見かけます。

本業が忙しくて時間がない、空室が増えてきたらどうしよう、借金が返せなくなったらどうしよう、税金はどのくらいかかるのか、後々物件を売却して儲かるのか、と不安ばかりで頭でっかちになるパターンです。

こういう懸念を抱くことも無理はありません。おそらく自宅よりも高い買い物をするのでしょうし、馴染みのあるビジネスとは異なった性質の事業に踏み出すのですから、初めての方にはどうしてもハードルが高くなります。

もしも今、自分にまとまったお金がないのなら、それで不動産投資は時期尚早、と思ってあきらめるのも一案。お金が無いなら無いなりに、融資を受けられないのならばそうしなくても良い方法を考えて行動するのも一案です。

貸会議室のスキームは、物件を購入したり売却するのではなく、基本的にはまず部屋を借りて、その部屋を人に貸す、という単純な仕組みです。しかも貸す相手が1人ではなく、

1ヶ月でもなく1年でもなく、複数の人に細分化して、細かく時間を刻んで貸していくという点が一般の不動産賃貸業とは異なります。だからこそ逆に運営のしやすさがあることも見逃せません。

賃貸業と比べ**少子高齢化や人口減少の影響を受けにくく、ターゲットに合わせた部屋づくりや、設備の充実を検討し続ける手間も経費もかかりません。**必要なのは机と椅子、ホワイトボードとプロジェクター程度になります。

さらに**賃貸業として大きなリスクの一つである滞納がありません。ポータルサイトを使って予約と決済の管理をすれば、わずかな手数料を引かれるだけで、あとは定期的に利用料が入金されます。**これは実に安心できる仕組みです。

貸会議室ビジネスは、一般的な不動産投資よりもずっと簡単にできることがお分かりいただけるかと思います。「なんだか難しそうだなぁ」とか「面倒臭そうだなぁ」「本当に儲かるのかなぁ」なんて考えることさえ無用なほど、ハードルは低いものです。

まずはやってみたい、行動できる、と思える人は、自分の眠っている可能性を呼び覚ます絶好のチャンスになるはずです。

これほど簡単にできる副業はない

貸会議室のビジネスが簡単でリスクが少なく、誰でも参入しやすいという理由は次の通りです。

まずは初期費用、つまり最初に投資する金額が少ないという点。

部屋を借りる際に敷金・礼金・仲介手数料を支払ったら、あとはテーブルと椅子さえあればはじめられます。不動産投資で物件を買う時のように高額な仲介手数料や不動産取得税、固定資産税もかかりません。

次に運営のしやすさです。運営方法としては二通りあります。

ひとつは**部屋探しからセッティング、募集のためのサイト登録、利用者からの問い合わせ対応まですべてを自分でやる方法。**

もうひとつは**一切を運営代行会社に任せてお金だけ出す方法です。**

代行会社に任せる方が運営はスムーズですが、すべて自分でやる方が事業としての醍醐味がありますし、今後の展開にも柔軟に対応できるようになります。そして自分でやるのはいろいろと面倒かと思いきや、会議室ビジネスの運営は実に手間いらずなのです。

具体的には

- **集客から予約管理、決済まで、一貫して予約サイトを活用できる**
- **会議室の情報をサイトに入力、写真を掲載するだけで集客できる**
- **価格はいつでも自由に決められる**
- **現地（会議室の部屋）は無人で運営できる**
- **清掃は利用者がやってくれる**
- **定期的に消耗品の点検をするだけ**

と、こんな感じです。いったん部屋をつくってサイトに登録したら、あとは利用者が予約を入れてくれるのを待っているだけで大丈夫です。

会議室の候補になる物件も、そこら中にあります。駅前の物件でも1階は埋まっていますが上層階に行くと空室が目立ちます。事務所用のテナント物件だけでなく住宅用のワンルームマンションも対象となります。

空室の目立つ築古の雑居ビル、エレベーター無しの上層階など、一般の賃貸としては不人気のところでも会議室は営業可能です。そういう物件を安く借りることが狙い目になります。

先述したように、貸会議室の利用用途は会議だけに留まりません。さまざまな用途のための「空間の時間貸し」と言い換えてもいいでしょう。もっと分かりやすく例えると、コインパーキングのようなものです。

コインパーキングも、月極駐車場から時間貸しに変更すると売上・利益が増加することがあります。

会議室も同じ。月額家賃8万円の部屋を時間貸しにするとします。

週末1時間2000円で貸し出せば8時間稼働で1万6000円、週末8日間で12万8000円、さらに平日は500円や1000円で貸し出しても十分利益が得られる仕組みです。

こう考えると、貸会議室運営のメリットと可能性がイメージできるでしょう。

時代のニーズにマッチした、今だからこそできるスキーム

シェアリングエコノミーと聞くとなんとなく流行りの新しい発想のように思えますが、昔からあったビジネスです。

江戸時代、もしくはそのはるか昔から物々交換という制度がありますし、一昔前のネットがない時代にも、雑誌などで「売ります・買います」というコーナーがありました。いわゆる自分が持っているものを、それを求めている人に売ったり貸したりすることは、いつの時代にも求められていることなのです。

今は誰でもスマホで情報が得られ、ちょっと検索するだけで知りたいことが溢れてきます。個人と個人をあっという間につなげてくれるところが、ネット社会の最大の強みです。

海外では自分の車が空いているときに、観光客を乗せて行きたいところに連れていってくれるUber（ウーバー）というシェアリングシステムがすでに根付いていますし、不動産業界では宿泊施設を持つ人と観光客をつなげるAirbnbを知らない人はいないでしょう。ネットを介したマッチングサイトは今や挙げればキリがありません。

気軽に格安で使える会議室を探している人がいる、そんな人がスマホでちょっと検索し

てみると、たくさんの情報を簡単に得られ、その場で予約して決済もできる。こちら側は、その商品をどんどん提供していく。

会議室のシェアリングエコノミーは、まさに今の時代にマッチしたスキームと言えるのです。

民泊ビジネスとの違い

今、不動産業界でもっともシェアリングエコノミーを確立しているのが民泊です。自分の家の空き部屋や借りた部屋を宿泊施設として人に貸す。ここ数年で大きく注目されるようになりました。

物件を宿泊予約のポータルサイトに掲載し、世界中から利用者を集め、高収益をあげる。伸び続けるインバウンド需要に多くの不動産関係者が可能性を感じてこの市場へ参入するようになりました。

さらに２０１８年６月に民泊新法が制定。貸し出す部屋に細かい条件が定められ、認可を得ないヤミ民泊の業者・物件はすべて締め出されました。

このため、きちんと制度に則って運営する事業者にとっては競合が減ってビッグチャンスとなりましたが、安易に部屋を借りて民泊で多くの利益を得よう、もしくは所有物件の空室を利用してラクに宿泊料を稼ごうと考えていた人にとっては、期待していた利益が得られず残念なことになっています。

民泊と貸会議室のスキームはよく似ています。部屋を借りて運営するのも同じです。物件を設営してからの運営も

・予約サイトの作成
・集客から予約管理、利用料金の決済
・入退室管理
・清掃
・消耗品、備品の点検

この内容は、先ほどの貸会議室の運営とまったく同じです。

ただ、民泊は貸会議室と違って宿泊を伴うため、その作業量が大きく異なります。特に清掃。民泊の場合、チェックアウトの度に室内清掃、リネンのクリーニングにベッドメイキングが必要です。ベッドに髪の毛1本でも落ちていようものならクチコミにクレームが入りますので大変神経を使います。その点、**会議室の掃除は各利用者にやっていただくのでほとんど手間がかからない**という点が魅力です。

さらに挙げると**旅館業法や民泊新法のような法律の規制がないことも好材料**です。面倒な申請も手続きも要らず、誰でもすぐにはじめられる点が会議室ビジネスのハードルを下げています。

一人で全国展開していけるビジネスの醍醐味

部屋を借りて必要な設備をセッティングし、あとはポータルサイトに写真をアップして予約を待つだけ。こんな簡単なビジネスはなかなかありません。

華美な装飾も要らず、従業員も雇わず、管理も不要。このビジネスはこれといったセンスも不要ですし、人を雇うときに必要な「人をみる目」も求められません。

一人でやるからこその自由があります。あとは行動次第です。

そう考えると、会議室のニーズがあるところであれば、全国どこにでも展開できます。自分の住んでいるところからはじめて、慣れてきたら遠くへ。知らない場所、行ったことがない場所を訪れることも楽しみになります。

九州で美味しいラーメンを食べたいな、とか、札幌でカニをたらふく食べたい、そんな動機で会議室を探すことだって可能です。

少しずつ実績を出しながら、ときには現地を訪れる。そこでまた新たな出会いがあれば、新しい情報を得られる。そうして自然と仲間が増えていきます。こんな面白いビジネスが他にあるでしょうか。

少ない自己資金で大きな利益を得る仕組みとは？

会議室を1部屋だけ運営しても、それほど多くは儲けられません。しかし、1部屋あたりの初期費用が小さいからこそのメリットもあります。

少ない初期費用ではじめて、結果がダメだったらやめる。うまく行ったらまた次を探す。スクラップアンドビルドの繰り返しです。それが積み重なって、徐々に大きな収入を得られるようになります。

不動産投資に憧れる方は多いと思いますが、物件価格が高いこの時期に無理して購入する必要があるでしょうか。まずは会議室を運営して小銭を貯め、それを頭金にして一棟ものにチャレンジしても決して遅くはありません。

自己資金がないのであれば、まずはお金を貯めること。しかしどうせやるならできるだけ効率のよい仕組みを選択したい。そんな人にもぜひ貸会議室ビジネスを活用してもらいたいと思います。

できない理由・やらない理由は見当たらない

なぜ副業をやるのか、ということをもう一度考えてみてください。

少しだけ副収入を増やし、「好きなものを買いたい」「家族と旅行に行きたい」「美味しいものを値段を気にせず食べてみたい」など、どんな小さな目標でも構いません。

しかし、新しい収入を得るには、今までには経験しなかったことをしなければならない、ということも事実です。

そう考えると、副収入で目標を達成するのはイバラの道と思えるかもしれませんが、会議室ビジネスは気軽に、楽しみながらできる副業です。

サラリーマンリタイアに成功した人が、お金の苦労から解放されたけれど退屈で仕方がない、という声をよく聞きます。その原因は、社会から孤立しているからではないでしょうか。

会議室ビジネスは、利用者とつながることで、事業を営む臨場感も味わえます。こんなニーズがあったのか、もっとこうして欲しいんだ、など、今まで気づかなかったことを知る喜びと、それにより視野が広がっていくことを実感できます。

現状をなんとか打開したい、そしてなりたい自分の姿がある、そう思う人が、貸会議室ビジネスに踏み込めない理由はありません。

離婚して子どもを一人で育てているシングルマザー、派遣社員として安い給料に甘んじるしかない若者、毎日忙しい仕事に追われ寝る暇もないサラリーマン、日々のやりくりが大変で自分の時間を持てない主婦の方。それぞれにいろんな事情を抱えている人がいると思いますが、現状を変えたいのなら、行動するしかないのです。

初期費用が少額、運営に手間がかからない、独りではじめられる、しかも収益性が高くて属性不問なのですから、できない理由も見つかりません。今の状況を抜け出すために、最も少ないリスクではじめられるビジネス、それが「貸会議室」なのです。

Chapter 2

すべて一人でできた！貸会議室ビジネス成功秘話

ナニワの不動産投資家hiro田中が実践した1年の軌跡

hiro田中

1969年大阪生まれ。アウトドアとフライフィッシングと家族をこよなく愛する不動産投資家。薬剤師。

製薬会社に勤務しながら不動産投資を始め、10年間で築いた資産は4億円。大阪の北摂地域を中心に区分、戸建、テラスハウス、店舗、一棟マンション等65戸を所有する。

2016年、早期退職を機に不動産投資家グループ「リタイヤーズ」のメンバーとして執筆、講演活動スタート。

2017年から会議室ビジネスに目をつけ、わずか1年2ヵ月で関西、九州を中心に22ヵ所の会議室を「お気軽会議室」（登録商標）のブランドで展開。その傍ら、日本最大の会議室オーナーコミュニティー「お気軽会議室グループ」を主宰し、大阪、名古屋、東京、福岡で勉強会やセミナー活動を行っている。

このビジネスに出逢ったきっかけ

こんにちは。ｈｉｒｏ田中です。

私はこれまで、関西を中心にさまざまな不動産投資を行ってきました。

基本的には、いろいろと勉強してからはじめたわけではなく、これは儲かるなと思えたらまずはやってみようというスタンスで進めてきています。

少し前までは民泊もやっていました。民泊はそれ自体は素晴らしいビジネスだと思いますが、実際にやってみると、思ったより手間がかかったり、管理が面倒だったりするので今は撤退しています。

以前から手がけていた不動産投資の収入のおかげで、すぐに何かやらなければいけないという状況にはなかったのですが、私が貸会議室ビジネスをはじめるきっかけとなったのは、思いがけなく自分が利用者になったことでした。

私のように不動産投資でサラリーマンをリタイアした人がだんだん増えてきています。不動産セミナーや大家さんの勉強会などに参加すると、そんな方々とよく出会います。その中に、たまたま同じ地元・千葉県の浦安に住んでいる人もいて、気の合った仲間で飲みに行く機会がありました。

集まった4人のメンバーは、それぞれ異なる不動産投資手法でセミリタイアを果たしている点が興味深かったのですが、さらに面白かったのは、自分の投資経験をサラリーマン仲間に話しても、なかなかやろうとしないということに疑問を抱いていること、それは4人の共通した想いでした。

そこで「行動する勇気を持てないサラリーマンのためにメッセージを伝えよう」ということになり、4人の共著で本を出版することを決意しました。

それが2017年11月に発行した『不動産投資でサラリーマンをハッピーリタイアした元サラリーマンたちのリアルな話』（青月社）です。

この本を出版するにあたり、当然ながら準備作業が必要になります。4人が集まって話し合ったり、原稿をチェックし合う場所を探すことになりました。

第一回目の打ち合わせに使ったのは、東京・浜松町の貸会議室でした。建物やエントランスに会議室の看板はなく、マンション名だけを頼りに場所を探すので、ちょっと迷いました。

ごく普通のマンション、いや、どちらかといえば年季の入った薄暗い感じの佇まい、どこか湿っぽさを感じながら、エレベーターに乗って8階へ。

そこには普通の住居が並び、部屋番号を確認して中に入ると、6畳くらいの狭い部屋に、テーブル1つと椅子6脚が置いてあるだけでした。

本来の目的である本の打ち合わせが進む中、ずっと気になって仕方がなかったことがありました。それは、

「この会議室って儲かるのか？

たしか利用料金は1時間900円。1日5時間稼働したとして4500円、月に20日稼働したとして9万円。東京は家賃が高いのに儲けなんてあるんかなぁ……、儲からんかったらこんな事業やらんやろし……」

家に帰ってからもずっと気になって色々調べていたら、こんなネット広告が飛び込んできました。

〝平均利回り100%、100万円以下ではじめられる不動産投資「スペイシー会議室」〟

「利回り100%ってマジか！」

怪しい香りがプンプンする広告でしたが、気になって仕方がなかったので、その会社のセミナーに行ってみることにしました。

ノウハウゼロからのスタート

セミナーを主催していたのは貸会議室のポータルサイトを運営する会社で「あなたもこのビジネスをはじめてみませんか」という主旨の内容でした。その中で以下のような事例紹介がありました。

●住宅から会議室へのコンバージョン
ワンルームマンション　新宿から徒歩2分
賃料：7万5000円／月間売上：20万円
広さ：20平米／収容人数：8名

●古いオフィスビルでの会議室へのコンバージョン
品川駅から徒歩2分
賃料：15万円／月間売上：35万円
広さ：35平米／収容人数：20名

正直言ってこの説明を聞いたときには、

「こんなことがほんまにあるんかいな、うさん臭……」

と思ったのが正直なところです。こんなに儲かるならビルのオーナーがやるでしょ、常識的に考えて。

そのときちょうど仮想通貨でもエライ目に遭っており、自分で言うもの何ですが、カンタンな儲け話には必ず裏がある、オイシイ話ほど要注意、と警戒していました。

ただ、貸会議室の運営は民泊に似ていて、物件を購入するのではなく賃貸でやるので、初期費用があまりかからないだろう、ということは感覚的に分かりました。

分からないのは、どんな立地が良いのか、どんな物件がいいのか、そして本当に儲かるのか、といったところでした。

大阪弁で次々質問する私に、セミナーの最後に講師からこんな一言がありました。

「大阪にはまだ少ないので、これから力を入れていきたいんですよね」

「なるほど、まだ大阪にないのか！」

誰もやったことがないことをやる、そう思うとワクワクします。この時、完全にスイッチが入りました。

早期退職で得たキャッシュもあるし、民泊と似た形で進められる。

不動産投資だけやっていても暇だし、なにか新しいことをはじめたい、と思っていた矢先のことなので、なおさら前向きになりました。

そして、やるならまず3件。その結果を見て、続けるか辞めるかを判断しようと思いました。

思い立ったらすぐ行動。最初にぶち当たった壁

そうして初めて参加したセミナーの会場を後にすると、すぐに大阪市内の不動産屋で働く高校の先輩に電話をかけてみました。

「先輩、貸会議室をやりたいんです」

「貸会議室って何やねん？　どんな物件を探せばええねん？」

この答えには困りました。何しろ、どんな部屋を借りて、どんな風にやったらよいのか、儲かるかどうかも分からないのですから、セミナーで聞いた僅かな知識だけを頼りに、と

にかく借りられる物件があれば見てみたい、そんな気持ちだったのです。

探しはじめると最初の壁にぶち当たりました。それは不特定多数に部屋を貸すことに対する不動産オーナーや管理会社からの抵抗です。その背景には民泊がありました。

外国人旅行者がスーツケースをガラガラと大きな音を立ててやってきて、部屋の中で大騒ぎ、習慣の違いによってゴミの捨て方に問題があったりという話をよく聞くのでしょう。

そういうトラブルがあると、やがて既存の入居者の退去につながってしまう恐れがあるため、オーナーが嫌がるわけです。不特定多数の利用者を迎え入れるには、理解のあるオーナーを探すことが、普通の部屋探しと違って難しいと感じました。

そんな困難な状況の中、先輩から物件の連絡が入りました。

「どんな使い方してもええっていう物件が見つかったわ！」

これはチャンス！　と思って思わず前のめりになりました。

場所は大阪市の堺筋本町。

「えっ？　さかいすじほんまち？」

大阪のメインは北が梅田、南がなんば、それを通る御堂筋が、いわゆる経済活動の中心地となります。堺筋本町はそれより一本東側に外れたところで、ビジネス街としてはちょっと微妙かな、というところでした。

しかしまずはやってみたい、との思いが強く、一気に契約までこぎつけました。

安く借りるための秘訣とは？

無事に賃貸契約を締結した第1号の物件は、40平米の大きな部屋。以前、東京で使った小規模のスペースを想定していたので、実際の大きさを見てちょっと戸惑いました。

テナントビルの相場をよく分かってなかったのですが、値切ってなんぼの関西人なので賃料に交渉を入れました。その結果、
敷金0、礼金10万円、家賃5万円、共益費1万円。それに加えて3ヶ月のフリーレントという好条件になりました。

なぜこんなに安く借りられたのか？

理由は、オーナーの立場になってみるとすぐに分かります。

それは「空室が長期間続いて困っていたから」でした。

どんなテナントでも入ってほしい。そんな雰囲気が交渉過程で伝わってきました。条件交渉やフリーレントも受けざるを得ない。そんな状況だったと推察されます。

貸会議室は**道行く人から集客するのではなくネット集客なので、家賃の高い1階である必要はありません。利用者が住んだり宿泊するわけではないので、エレベーターのない物件でも問題ありません。つまり普通なら入居者が敬遠しそうなところでも、会議室としては問題ないのです。**

思えば私が初めて貸会議室として利用した場所も、住居として魅力があるとは到底思えない雰囲気でした。

貸会議室にする部屋は、誰もが借りたいと思えるような部屋である必要はありません。人気のないところも狙い目なのです。何より今までずっと空いていた部屋が埋まるわけですから、オーナーにとっても喜ばしいことなのです。ですから逆に、不人気なところに家賃交渉の余地がある、ということを忘れてはいけません。

会議室のための部屋づくり

1 備品は中古品で十分

物件を契約したら、次は設営です。会議ができる会場を作っていかなければなりません。広さが40平米の空間で、会議室には何が必要なのか。

そこで、たまたま大阪でやっていた友人の不動産セミナーに潜入し、こっそりと会議室に必要なものを調査してみました。

そこにはテーブル、椅子、ホワイトボード、プロジェクター、マイク、演台、洋服掛け等々がありました。

契約した部屋は大部屋なのでテーブルとイスがたくさん必要、ネットで調べてみると、新品で調達すると50万円くらいすることが分かりました。

これはキツイな、と思っていたところ、オフィス用品の中古販売会社を見つけました。実際にお店に行って相談すると、商品だけでなくテーブルや椅子の配置の提案を無料でしてくれました。その結果、中古品で取り揃え30万円くらいで調達することができました。

オフィス用品は中古市場がかなり充実しているのでおすすめです。

2 設営当日は、ただ見ているだけ

いざ設営してみると、それ自体はとても簡単でした。

オフィス用品の業者が、資材を搬入から配置まですべてやってくれます。とはいっても、運ぶものはテーブルやイス、ホワイトボードしかないので、作業時間はわずか2時間程度です。

その間私は見ているだけ。民泊の時はベッドや寝具、家電に調理器具、食器、シャンプーやリンスの消耗品など、大量の資材をセッティングしなければならず、かなりの時間と労力がかかりました。

3 集客に影響する写真の撮り方

設営が終わったら、貸会議室のポータルサイトに公開する写真を撮影します。民泊で学んだことの一つに、写真が収益に大きく影響する、ということがあります。

一番のコツは、広角レンズをつかって、明るく撮ること、水平・垂直に気をつけることです。そうして複数のレイアウトパターンや、備品などを撮影します。

4 登録はあっという間

会場準備ができたら、ポータルサイトに登録します。これは一般的なウェブサイトのユーザー登録と同じような要領で、賃貸契約書や写真を用意して、住所や広さ、最寄り駅からの距離など予約に必要な項目を入力していきます。

次に、営業時間や利用料金を設定したら準備完了、いよいよ公開です。

慣れてきたら15分くらいで簡単に登録できるようになります。

驚愕の実績。これはイケる！と手応えを感じた瞬間

ポータルサイトで自分の物件を公開し、翌朝スマホを見てみると、見慣れない宛先からメールが2件ありました。

それは昨夜登録した会議室の予約完了の案内で、同じ人から7000円の予約が2件入ってきたのです。

「これでも1万4000円稼いじゃうの？」

と思っていると、その日のうちに1万円、5千円、4千円と、次々に予約が入ってきます。これはすごい！と驚きました。

1件目の物件は、最初の月で9万円の売上がありました。それからも順調に予約が入り、月間売上で10万、10万、15万、20万、と極めて安定的に利用者がついていきます。その後も20万円前後で推移。家賃や光熱費、ポータルサイトのシステム利用料を引いても、常に7～8万円の手残りが得られました。

運営に全然手間がかからないし、最低限の設備を揃えて写真を撮り、ポータルサイトに載せるだけ。あとは待っていればどんどん予約が入ってくるのです。

運営して数ヶ月経つと収益が安定してきます。その理由は、月末に売上集計をすると、すでに翌月の家賃分をクリアしているからです。あとは利益が積み上げられるだけ、という安心材料になります。

最初から3件はやるつもりだったので、1件目の準備をしながら次の物件を探していました。

2件目として見つけたのは心斎橋駅から徒歩1分のところにある、お世辞にも最新のオフィスビルとは言えない、1、2階に飲食店が入る雑居ビルでした。

エレベーターはなく、階段で4階へ。部屋も狭く10平米。同じフロアに6部屋あり、そのうちの4つが空室でした。建物は古いですが、部屋は綺麗に改装されており、そのまま使えそうな点は魅力でした。

賃貸条件を尋ねると、家賃は2万5000円、共益費4000円とのこと。

「この家賃でも客がつかないのか」

大阪市の中心でこの家賃、ちょっと驚きました。

狭い部屋なので単価を下げて募集をかけました。

すると、公開当日から800円、1000円、1500円など、次々と予約が入ってくるではないですか。その結果、**2件目の物件の公開初月は営業日数が20日間だったにもかかわらず、売上5万円を稼ぎ出したのです。**

3件目は、どうしても梅田で出店したいと思い、エリアを限定して探していたところ、手頃な広さの物件を見つけました。

敷金30万円、礼金0円。家賃は共益費込みで7万円。

今までで一番高い家賃。この家賃7万円を、果たして利用料の売上から捻出できるのかどうか、ものすごく悩みました。

私のこの時の「リスクのとり方」としては、仮にまったく利用者がいなかったとしても、月々7万円なら一年間くらいは自分で払い続けても良いかな、という覚悟でした。

誰もやっていないことをはじめるのですから、やらなければ分からないことがたくさんあります。やってみて初めて分かること、そこに価値を感じ、踏み込むことにしたのです。

そして実際に稼働してみると、**この3件目の物件は、初月で15万円の売上がありました。その後、15万、20万、25万と売上を伸ばし、直近ではなんと34万円の売上を記録しました。**

こうなってみると、7万円の家賃で悩んでいた自分って何だろうと思います。ちょっと視点を変えたら、不動産投資っていろんなやり方があるんだということを、ますます実感できるようになりました。

それから着々と会議室を増やし続け、1年間で16店舗になりました。大阪だけでなく京都・福岡・博多にも進出し、どの物件も順調に利益を出しています。

このまま規模を拡大していけば、もはやサラリーマンの給料並みの収入も確保できそうです。

ちなみに、**今の私の貸会議室ビジネスの売上を、不動産投資で得られる家賃収入に置き換えると、物件価格2億6232万円、利回り8％のマンションを購入したのと同等の収入が得られています。**家賃や光熱費等の固定費をローン返済と仮定すると、返済比率54％となります。このような**億単位のマンションから得られるインカムゲインを半年程度で築くことができたのです。**これだけの大規模な物件を買うのにどれだけの融資と自己資金が必要でしょうか。このとき、**私が拠出した現金は、わずか330万円**でした。

売却によるキャピタルゲインはありませんが、インカムゲインを目的に不動産投資をされている方には魅力的なビジネスではないでしょうか。

このように、実際に事業をはじめてみることで、少ない初期費用で開始できること、運営が簡単だということが実感できました。

意外な実例！ 会議室はこんなふうに利用されている

会議室を利用される方々の用途を見ていると、「会議室」という言葉そのものに違和感を覚えます。必ずしも会議をすることだけが用途ではなく、実にさまざまな使い方をされているようです。

例えば、ファイナンシャルプランナーに自分の資産について相談するとき、ファミレスやカフェのような、周りの人が聞いているかもしれない状況では話しにくいですよね。私もパソコンを打ちながら隣の人が話している内容が耳に入ってきて、「年収1千万円か、すげーな」なんて思わず聞き耳を立ててしまったことがあります。

そんな1対1の、人には聞かれたくない面談の場所としても、格安で時間貸しできる「貸会議室」のニーズは眠っています。まだまだ掘り起こせる余地がたくさんあることは疑う余地もありません。

一方、セミナーを開催する立場の人のことを考えてみると、趣味の世界で自分の得意なことを伝えられたら素晴らしいな、と思っている人がいたるところにいるはずです。

そういう人たちは「たくさんの人数は集められない」「会場費が高い」、だからきっと採算が取れない、と感じているようです。

ところが1時間500円とか1000円程度の貸会議室であれば、数人が参加するだけで採算がとれます。

いきなりたくさんの人を集めることができなくても、まずは小さな規模からはじめてみることができるのです。今まで講師をあきらめていた人たちが、挑戦しよう、と気持ちが変わる可能性もあります。

参考までに、私の会議室で実際にあった使用例をご紹介しましょう。

1 宝塚歌劇団を退団した人の「女子力アップセミナー」

宝塚のブランドを活かしたこういう企画があるんですね。週に1回、もしくは月に1回の割合で開催され、10名程度の規模で使われることが多いです。

参加者1名につき2〜3000円の会費を取っていたとしても、1時間に1000円程度の会議室が重宝されます。

2 根強い人気の「コスプレ撮影会」

アニメファンの間で安定的な人気を誇るコスプレ。このコスプレモデルを呼んで撮影会をする際に、1Kのようなキッチン付きの方が生活感があって良いそうです。

1回3000円程度の参加費で数名を集め、2時間も行えば要領よく稼ぐことができます。こういう企画で年間1000万円くらい稼いでいる人がいるのには驚きです。

3 ＡＫＢ総選挙のための「チケットもぎ取り工場」

あるとき、どうもオタクっぽい人から電話がありました。その方は某大企業に勤めている技術者の方でしたが、ある日の朝から晩までずっと通しで予約したいとのこと。よくよく聞いてみると、ＡＫＢ総選挙に投票するためのＣＤを大量に買い込み、そのＣＤに同封されている投票券を取り外してまとめる作業を、アルバイトを使って行うということでした。

いやはや、いろんな趣味やビジネスがあり、普通の生活では考えも及ばない需要が貸会議室にはあるのです。

こういった特殊な例に限らず、会社の入社面接や説明会も、今は小さな会議室で行われています。メインはＳｋｙｐｅによる面接。東京にある会社にわざわざ新幹線に乗って行かなくても、インターネットでつながれば充分に面談が成立します。もはや部屋の広さはほぼ関係ないですね。

この他、雑誌やＴＶの取材にも使われますし、夜間の安い時間帯を狙ってくるケースでは、ＹｏｕＴｕｂｅｒの動画撮影が多いようです。

もはや会議室は会議のためだけにあるのではなく、実にさまざまな用途で使える「スペース」としての活用が求められていることは間違いありません。そのニーズは実に幅広く、自由です。

時代に合ったスペースの活用が、これからもどんどん増えてくると思います。そんなニーズに応えるべく今から準備しておけると思うと、本当に楽しみが尽きません。

まずはやりたいエリアに足を運べ！

物件を探すなら、まずは地元に目を向けてみることをおすすめします。それは単に、地元の方が土地勘や地の利があるから、というわけではありません。肝心なのは仲介業者なのです。

1 オーナーを熟知しているのは地元の仲介業者

前述のとおり、会議室は不特定多数が利用します。すでに民泊でのトラブルが表面化していることもあり、良いイメージを持たないオーナーが少なくありません。それが物件探しの大きな壁になります。

以前、東京の業者が福岡で貸会議室可能な物件を紹介してくれたことがあります。さっそく現地へ行って見ると、なかなか良い物件でした。

「ここでやろうかな」と思い、念のため福岡の地元の業者にも聞いてみることにしました。するとその業者はすぐに「この物件は許可が出ませんよ」と教えてくれました。

多くのマンション管理組合は民泊新法に合わせて、管理規約に民泊禁止の条項追加を進めています。東京の業者から紹介を受けたこの物件もまさにその手続きを進めており、民泊を含めすべての転貸行為を禁止することになっていたようです。どうやら東京の業者はオーナーの確認だけ取って物件の紹介をしていたようで、細かな管理規約など理解しておらず、可能物件として私に紹介があったのでしょう。このまま何も知らず開店していたらと思うと背筋が寒くなります。

地元の業者は物件そのものの情報だけでなく、このように賃貸する上で重要な周辺情報も把握しています。

その理由は、地元で長く商売するならトラブルは避けたいからです。万が一、管理規約違反を犯した業者として目を付けられると、出入り禁止になる可能性もあります。そんなリスクを冒して数万円の仲介手数料を稼いでもなんのメリットもありません。

一方、東京の業者は福岡のマンション一つくらい出入り禁止になっても痛くも痒くもないでしょう。

やはり地元の仲介業者でないと、後々トラブルになる恐れもあるということを、身をもって実感しました。

2 対象物件には2つのタイプがある

貸会議室の対象となる物件には大きく分けて2つのタイプがあります。

一つは一部屋ごとに所有者が異なる分譲マンションタイプ。もう一つは一棟まるごと一人のオーナーが所有しているオーナービルタイプです。

分譲マンションタイプは、管理組合が民泊新法に合わせて民泊禁止の条項を追加しているところも多く、貸会議室を運営するには厳しくなっています。隠れて開業しても、バレるのは時間の問題でしょう。

その点、**オーナービルタイプでは、オーナーの一存で決まるので、許可されることが多いです。**ここが目の付け所で、保守的なオーナーもいればどんな業態にも寛容なオーナーもいます。地元の仲介業者は地元のオーナーをよく知っています。

3 オーナーの意向がすべてのカギを握る

まず「貸会議室ができる物件を紹介してください」というところからアプローチをはじめます。地元の業者はオーナーとトラブルを起こしたくない気持ちが強いですから、そこに充分配慮します。オーナーが容認するかどうかくらいはちゃんと把握していますし、分からなければすぐに確認してくれます。

物件選びには、間取り、設備などはほとんど関係ありません。広くても狭くても会議室としてはいくらでもやりようがあるからです。それよりも、オーナーの了解を得られることが最優先なのです。そのためにも、まずは地元の仲介業者に足を運ぶことが一番なのです。

儲かるためにはコツがいる

一室だけの会議室を運営しても、うまくいくかどうかははっきり言って分かりません。それをつくづく痛感することがありました。

1 3室同時展開で分かったこと

私が2件目にオープンした大阪・心斎橋の部屋は、スタートしてから月の売上は多くて5万円、利益にすると1~2万円の状態が続いていました。

その後、縁あって心斎橋でもう一件、同じビル、同じフロアの、まさにその隣の部屋を借りることができました。間取りまですべて一緒です。

そこで前室のノウハウを踏襲し、椅子やテーブルのデザインも一緒、まったく同じ装飾、まったく同じ設備で、ポータルサイトに掲載している文章も同じものを使いました。

すると、1ヶ月目の売上は前室と同じ5万円くらいでしたが、2ヶ月目から突然12万円、15万円になっていったのです。

そこで調子に乗って、3件目にまた隣の部屋を借りました。今度は内装・デザインを変えてみました。オシャレにしたらもっと売上が伸びるのではないか、そんな目論見で、価格が2倍以上する椅子を置いてみました。

しかし残念ながら、売上は思ったように上がらず、5万円のまま推移。あまり売上が伸びないなぁと思いきや、半年後にいきなり20万円になったりすることもありました。

理由はホントに分からない、まるで水商売のようです。

同じ立地・同じ設備でも、同じ結果は得られない。低迷していた売上が、突然爆発することもあり得るのです。

2 ポータルサイトの影響はデカイ

ひとつ言えることは、**売上はポータルサイトに大きく影響される**ということです。

あるとき売上が3割、利益が5割減少したことがあります。原因として考えられたのは、ポータルサイト側での検索ロジックの変更でした。

ある時期には、会議室料金の最低価格順に上位に表示されることがありました。このときは、深夜や早朝など、1時間100円で設定している物件ばかりが上位に表示されてしまいました。

またある時期には、1日の中の最高単価が安い順番で掲載されるときもありました。この場合、1時間2000円の部屋と1500円の部屋では、1500円の方が上位に表示されます。

またある時期には、利用者が予約を入れるときに、そこから1時間以内に空きがなければ上位表示されない、というロジックになったこともあります。

たとえユーザーが翌日や来週の予約のためにサイトを開いても、直近の1時間以内に空きのない物件はとにかく後回し。つまり考え方としては、人気物件よりも空きの多い物件が優先的に表示される、ということです。ポータルサイトの運営側でもクライアントに配慮して、人気物件が偏らないようにさまざまな工夫をしているようです。

とはいえ、検索で上位表示されなければ予約のチャンスはほぼありません。こういうときには売上が落ちてしまうものです。

幸い変更は一時的なもので、翌月にはもとに戻り徐々に売上も回復しましたが、参入当初は一つのポータルサイトしか利用していなかったので、影響をもろに受けてしまったのです。

こうした経験から、**ポータルサイトの表示状況を常にチェックしておくこと、そして間口を広げる意味でも、複数のポータルサイトに情報をアップしておくことが大切**であることを学びました。

3 まずは3件やってみよう

私は理系の大学出身で薬剤師なのですが、実験を行う際、必ず4つの検体を調べるというのが原則でした。n＝4をベースに、データの傾向をみる、ということが身体に染みついています。

それを踏まえ、4件とまでは行かなくても、せめて3件はやろうと思って会議室に取り組みました。しかしそれでも、確たるノウハウを導き出すほどの傾向や特徴は分かりませんでした。

まったく同じように仕込んでも、売上が安定する部屋、山谷がある部屋とさまざまです。だからこそ事業運営の上では、**1ヶ所での売上の乱高下に備えていくつかの物件を持って**

おいた方が、結果的に資金にゆとりが出てきて良いのです。

さらに、同じ建物の中で複数の物件を持っておくと、万が一ダブルブッキングが発生したときにも、利用者に隣の部屋に移ってもらうよう提案することができるので、お客様を取り逃がさないように対策をとれます。

貸会議室ならではのトラブルと解決法

1 クレームにこそ改善のヒントがある

貸会議室の利用者から受けるクレームは、ほとんどが部屋の使い方に関することです。もちろん利用方法やルールはすべてメールやＷｅｂサイトに載せているのですが、それだけではクレームを完全になくすことはできません。

説明書きを読まないから、次の利用者に迷惑がかかり、こちらへクレームの連絡が入ってくるのです。

たとえば、前の利用者が、電気をつけっぱなし、エアコンもつけっぱなし、椅子の並べ方がぐちゃぐちゃ、後片付けをしていない、などです。たしかにそういった部屋に入っていくのは良い気分がしないものですよね。

それがポータルサイトのユーザーレビューに書き込まれていくのを目にすると、「ちゃんと説明を読んでマナーを守ってほしい」と言いたくなるのですが、そこは淡々と、改善の方法を考えます。

「読んでいない人がいるなら、読んでもらうようにすればいい」というスタンスで、トラブルが起こる度に貼り紙が増えていきます。「電気を消しましょう」「エアコンをＯＦＦにしましょう」「机と椅子を整頓しましょう」「ゴミを持ち帰りましょう」

こうすることで、次第にマナーもよくなり、誰にでも気持ちよく使ってもらえるようになります。

2 そんなことも知らないの？ なんて思ってはダメ

利用者からの電話で一番多いのが「カギが開かない」というクレームです。カギが開いていなかったから帰ってしまった、という例もあります。

ドアノブに掛けてあるキーボックスも、一般の人には馴染みがないようです。キーボックスとは、文字通りドアを開けるためのカギを入れておくものです。防犯上、そのボックスにはダイヤル錠がついていて、その番号を合わせるとボックスが開き、中のカギを取り出せるようになっています。

ところが、そのボックスの中にカギが入っていることに気づかれないこともあり、「カギはどこにあるのですか?」と問い合わせの電話がかかってきます。

もっと驚いたのは、説明書通りにキーボックスのダイヤル錠の番号を合わせたけれどドアが開かない、というクレームです。キーボックスのダイヤル錠を開けても、中にあるカギを取り出さなければ、ドアを開けることはできません。

そんな連絡を受けると、今度はキーボックスに貼り紙をします。「カギはこの中にあります。開け方はメールを読んで」と。

困ったお客さんの意見が、実はいろんなことを教えてくれます。お客さんの不満を減らすことで、貸会議室がより多くの人に気持ちよく利用されるようになるのですから、クレームをいただくことにも感謝です。

また、クレームの電話をきっかけに、その問題を解決してあげることで逆に好感を持たれ、飲み会に誘われることもありました。そこでまた新しい投資案件を紹介してもらったりして、良い出会いにつながることも結構あるものです。

クレームこそ最大のチャンス。これはビジネスの鉄則ですね。

3 会議室まるごと盗難!?

「予約した部屋に入ったのですが、テーブルも椅子もなにもありません！」そんなクレームが入りました。前日まで何の問題もなく使用されていたのに、テーブル10台、椅子42脚、ホワイトボードから傘立てに至るまで一切合切パクられたのか!?

連絡をいただいた利用者から部屋の写真を送ってもらうと、本当にそこには何もありませんでした。

しかし、よく見ると窓の位置が違う、ドアの形が違う。

そうなんです、利用者は隣のビルの同じ番号の部屋に行き、たまたまその部屋が空室でドアノブにキーボックスがあったみたいで、さらに驚くことにそのキーボックスのダイヤル錠の番号が全く同じで、中に入れてしまった。嘘のような本当の話です。

「お気軽会議室」グループで仲間を増やせ！

ここまでの話は、すべて私が自己流でやってきたことです。そういう意味では、かなり偏った記述もあると思います。みなさんは、私の経験を知って、あとはご自身でもやり方を考えていただきたいです。なぜなら、貸会議室ビジネスは、まだはじまったばかりの新しいビジネスだからです。

同じ結果が出るかどうかは分かりません。それぞれの結果にはいろんな要因があります。同じ物件でも同じ結果が出るとは限らないのです。いろいろ試して、そこからヒントを得て、自分なりのやり方を確立することが、持続的に儲けるためのコツなのです。

私はこの**貸会議室ビジネスをはじめてすぐに、「こんなに簡単で高収益なビジネスはない」と感じました。**

また、**属性に関係なく資産の少ない人でもはじめられる、そんなところも不動産投資に比べ魅力的だと感じました。**世の中にはやりたいことがあってもお金を理由に諦める人がいます。安定収入を得たくて不動産投資をはじめたくても属性や自己資金のハンデがあり立ち止まっている人がいます。

そんな人たちに自分の経験を伝えることで、人生を変えるきっかけを与えることができるのではないか。それを受けて行動した人たちが結果を出してやりたいことができるようになる。そんな仲間に囲まれて毎日楽しく過ごす方が、一人で金儲けをするより価値があるのではないかと私は考えています。

そんな想いで勉強会をしていたら、思わぬチャンスに恵まれました。ある日のこと、京都で商業ビルを購入されたオーナーさんが勉強会に参加されました。終了後、私のところへやってきて、そのビルにテナントとして入って欲しい、との申し出がありました。

ちょうど京都で貸会議室を展開してみたかったので、すぐに現地調査へ向かいました。そこはなんと京都の中心地、四条烏丸と河原町のど真ん中にあるビルで、立地は抜群、安定した需要の見込めるエリアでした。こういう人脈ができることは素直にありがたいものです。

不動産投資と同様に、この業界にも情報交換の場が必要と感じています。最初は私一人ではじめたビジネスですが、勉強会を重ねるごとに少しずつですが地域ごとに仲間ができはじめてきました。

創業の地である大阪には50名余のグループができ、20室を展開しはじめました。名古屋では6人のグループが集い、初回の勉強会からわずか1ヵ月で全員が会議室を運営するまでになっています。

今では、東京、千葉、大分、福岡にも仲間ができ、開業を目指して活動しています。

主にLINEグループを利用した情報交換ですが、物件探しの進捗報告やトラブル、集客状況などを話しています。オフ会もあり、春には話題になった「エア花見」もメンバーの会議室でしました。今後はグループ間の交流会などもやって行きたいと考えています。

会議室設営の時にはメンバーで協力しあったり、トラブルがあったら近くにいるメンバーが現場に急行してくれたり、写真の得意なメンバーが一日かけて大阪市内のメンバーの会議室を撮影して回ったり、デザインの得意なメンバーが「お気軽会議室」のロゴを作ってくれたり、ほんとにいい仲間たちです。

グループの旗印として、「お気軽会議室」を商標登録しています。これが日本中に広まり、もっともっとブランド化して、安心と信頼のビジネスにつながることを目指しています。

貸会議室は社会インフラの一つになると考えています。今後さらに安心と信頼が求められるでしょう。やるからには健全な市場をつくりたいという想いがあります。そして志の高い仲間とともに、日本中に良い会議室を生み出し、継続的な成長をさせていく、そこに貢献することが私の夢です。

※「お気軽会議室」のセミナー・勉強会の情報はfacebook等で発信中。詳細は巻末の〝読者だけの5大特典〟をご参照ください。

Chapter 3

運営代行会社から見た貸会議室ビジネスの全貌

経営的視点でとらえた安定のビジネスモデル
その実績と展望

株式会社クルトン 代表取締役　森実《もりざね》勇樹

1986年 愛媛県今治市生まれ。

株式会社クルトンCOO。2児の父。

大学卒業後、人材系企業に就職。求人広告の営業を行う。営業部長職、営業所長などを経験後、30歳で株式会社クルトンを2人で創業。

シェアリングエコノミーの持つ魅力に強く共感し、現在は「シェアリングエコノミー×アセット」をキーワードにレンタルスペースの運営代行事業を行っている。

現在では全国で160カ所以上の貸会議室やパーティースペースを運営しており、運営代行実績では業界トップのシェアを誇る。

この業界に参入しようと思ったワケ

森実勇樹です。私の経営する株式会社クルトンは、今期で3期目を迎えています。主な事業内容は、不動産をお持ちで空室に困っているオーナーさんに、シェアリングエコノミーの観点からコンサルをしたり、不動産投資をはじめたい人向けに、貸会議室用の物件の提供・デザイン・運営代行をやっています。

2016年5月に民泊に関するセミナー運営や情報メディアの運営から事業をスタート。民泊に適するエリアや清掃会社の紹介等を行ってきました。当時、インバウンド需要を背景に幸運にも民泊が注目され、市場が急成長しましたが、その過程を、情報の上流となるメディア運営を通じて肌で感じることができました。

ところが、ご存知の通り「民泊新法」が可決され、以来、個人で民泊をはじめたいという人が急減。民泊の情報を必要とする人が少なくなってくると、私たちの会社も少なからず影響を受け、やがてジリ貧になっていくことは明白でした。そこで新しい事業を模索していく必要性が出てきました。

そんな中、たまたま知り合いが貸会議室ビジネスをやっていることを知り、自分でも半信半疑のまま、試験的に横浜のマンションの1室でやってみたところ、思いのほか大当たりしたのです。

そのときに感じたのは、貸会議室のビジネス構造は、我々がずっと取り組んできた民泊と非常によく似ている、ということです。

Airbnb（エアー・ビー・アンド・ビー）のような民泊の運営者と利用者を結びつけるマッチングサイトに相当するものが、貸会議室では「スペースマーケット」「スペイシー」「インスタベース」といったポータルサイトです。

そこには貸会議室の場所やサンプル画像、料金などのメニューがズラリと並び、利用者がアクセスして予約を取りにいく、という仕組みが確立されています。

これは民泊のシステムとそっくりなのです。

実は、民泊市場において最も重要なのは運営代行会社の選定です。民泊メディアを運営する立場から、優れた運営代行会社が執り行っている部屋がしっかりと収益を出していることと、そのノウハウについても十分に学ぶ事ができました。

民泊のしくみ

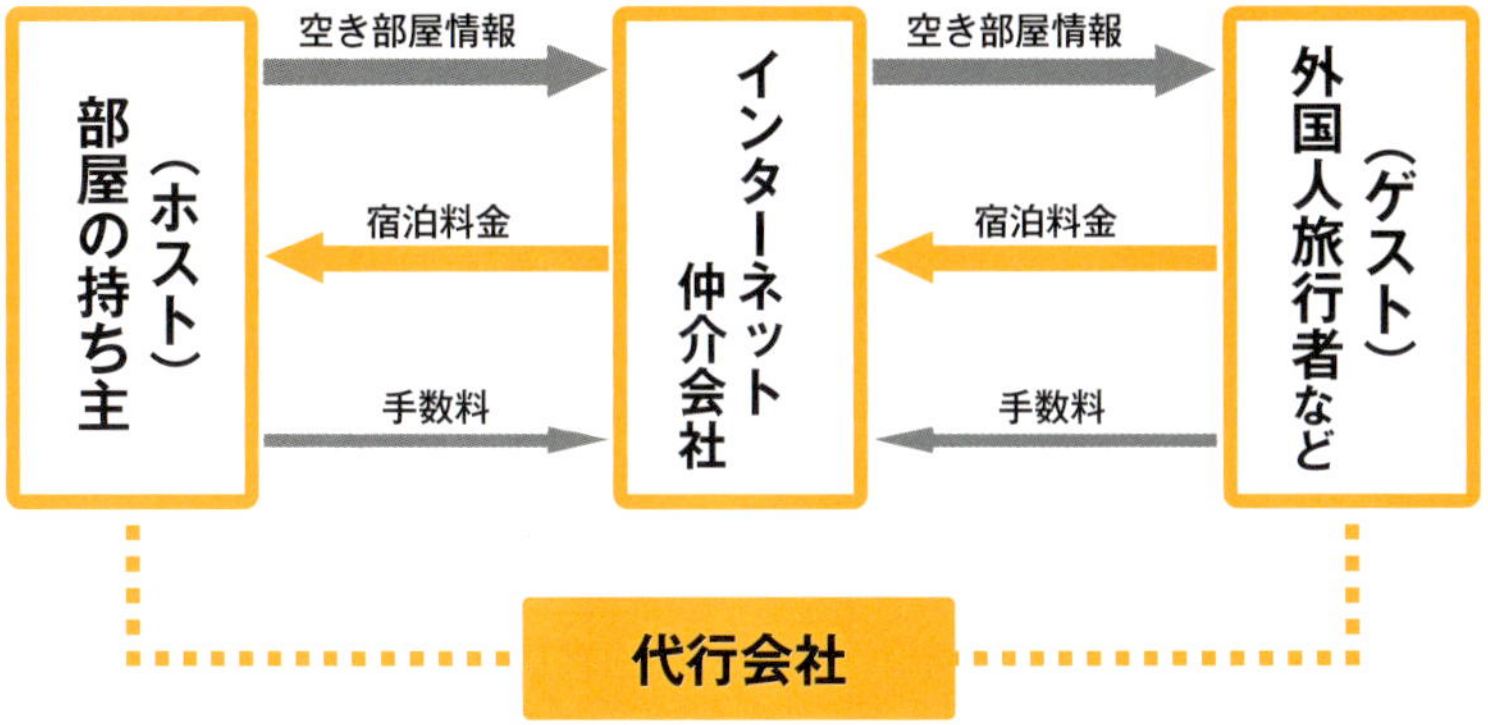

貸会議室ビジネスのしくみ

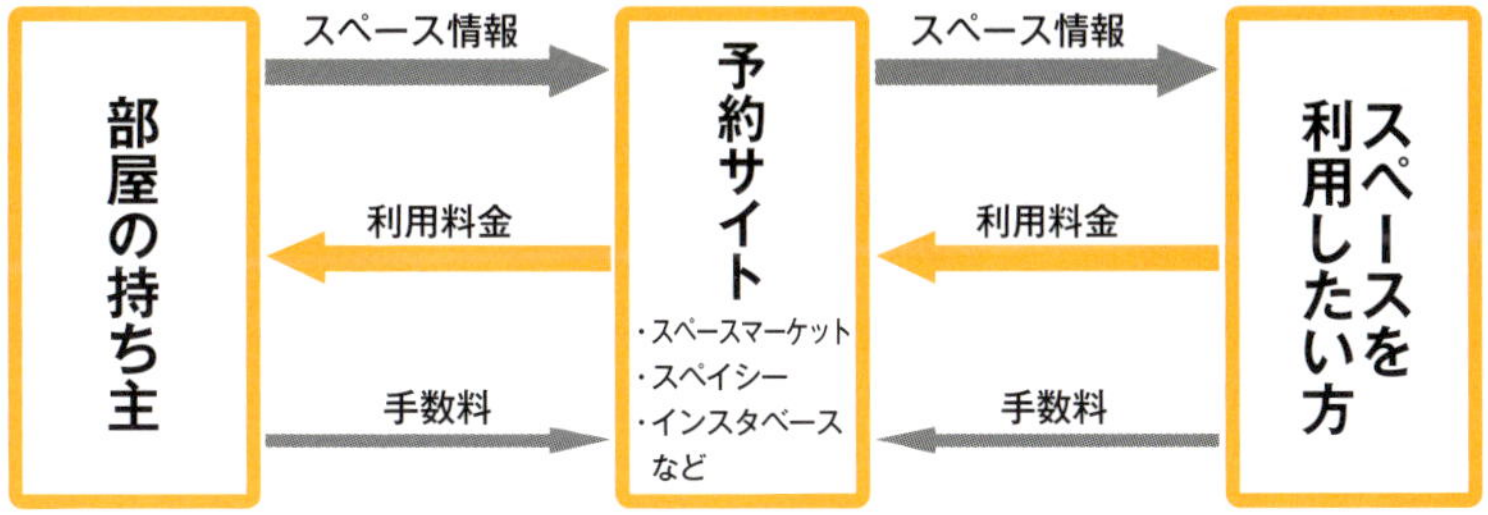

代行会社がほぼ存在していないことを除けばしくみは民泊と同じ

そこで、民泊と同じ構造でやっていく貸会議室は間違いなく伸びていくことが容易に予測でき、今度は情報発信ではなく、まだほとんどの人がやっていない運営代行をいち早くはじめようと決意して、市場参入したわけです。

比較で分かる貸会議室の優位性

ビジネスとしての貸会議室の魅力を語るために、いくつかある不動産投資の特徴を整理して比較します。

民泊新法下で民泊をやる場合は、誘導灯や避難経路を確保しなければいけない等、思ったよりも初期コストがかかるケースが多いです。賃貸で行う場合でも、ベッドやタオルをはじめとする宿泊に適した設備を取り入れることが必須となり、1K・1DKのような小ぶりの物件でも、だいたい150万円くらいはかかります。

また、新法では稼働日数が年間180日までと制限されているため、2018年からはいよいよ収入が得られる稼働日数が1年の半分だけ、ということになります。

民泊物件を賃貸で借りて運営する場合の損益分岐点は約60％、つまり30日中18日稼働させることが基本なので、年間180日の規制下では、最大限に運営できたとしても、利益は厳しいものになります。その分、売上を確保するためには利用料を上げなければなりません。それも競合が少ない今しばらくの間はある程度実現可能ですが、オリンピックがますます近づいて宿泊施設も増えてくると、かなり難しくなってくると思います。

旅館業を取得して民泊をやる場合は、初期投資の段階でかなりハードルが高く、旅館を営める規模のホテルなどを土地の段階から買うか、不採算のホテルを買い取って民泊仕様にする必要がありますので、数億円の資金が必要になってきます。

また、ホテルには人を常駐させなければならないため、当然ながら固定費が大きくなります。

世界最大の宿泊予約サイトBooking.comには、旅館業を取得していることが掲載の最低条件になります。したがってここに掲載できることは強みとなり、価格面でも一般の民泊に比べると強気に設定できます。この点ではメリットになり、大きな利益を期待できますが、いずれにしろ初期投資の壁は高いです。

収益不動産を購入して賃貸する場合でも、1棟アパートに投資する額は少なくとも

1千万円以上にはなるでしょう。現金ではじめられるケースは少なく、融資を受けられるかどうかがカギとなります。

また、大きな資金を投下するからには、回収や売却時のタイミングも考慮しておかなければならず、数年でうまくいったとかいかないとかの判断も難しいと思われます。

ランニングコストの面では、満室が維持できる限りは安定しますが、空室が出たり突発的な修繕があると、大きな出費にもつながるため、読みにくい点は否めません。

一方、時間貸しを基本とする貸会議室では、初期コストの面において非常に取り組みやすいと言えます。特に広いスペースを必要としないことが多く、1Kから充分にはじめられます。小さい部屋であれば家賃も初期の契約金も安く抑えられます。

さらに清掃なども毎回必ず人を入れて行うわけではないので、ランニングコストも小さく済みます。

利益面ではそれほど大きくないかもしれません。95万円くらいの初期投資に対し、月々の利益が3~5万円くらいが普通です。ただ、パーティースペースは当たると一気に利益が大きくなり、家賃12~13万円くらいの物件で月に40万円程度の売上があるものも出てき

不動産投資ビジネスの特徴比較

種類	新法下民泊	旅館業取得民泊	不動産賃貸業	貸会議室（時間貸し）
初期コスト	△ 150万円前後	× 1000万円～	× 1000万円～	◎ 95万円前後
ランニングコスト	○	×	○	◎
利益	×	◎	△	△～○
労力の少なさ	△	×	○	○
備考	180日規制で収益性が厳しい。 初期コストがかかる。	初期コスト大。利益としては非常に高い。	融資のハードルが高い。 初期コスト回収まで10年以上かかるケースがほとんど。	低コストだが、利益も低め。 パーティー利用可能物件は単価が高い。

ます。そうなると月に10万円くらいの利益が残ることになります。

こうして他の不動産投資案件と比較してみると、**貸会議室ビジネスは「ローリスク・ローリターン」の手堅いビジネスモデル**ということが明確になります。

現在、月に100軒くらいのペースで会議室が増え続けていることも、ここに目をつけている人がどんどん市場参入していることを反映しています。

現在までの実例「こんなに儲かっています」

ここからは実際に貸会議室を運営した際の収支について解説します。

実例1 福岡 博多駅 徒歩5分／1K／27㎡／賃料5万6160円

貸会議室の収益はきわめてシンプルなものです。99ページの表①をご覧ください。

一番上にあるのが、この物件を登録している会議室の予約サイトで、売上はほぼここから上がってきます。利用者はこれらのサイトのいずれかから希望の会議室を探し、予約して、利用料を決済しています。

有名で大きなサイトですから「貸会議室」で検索すれば常に上位に上がるサイトです。「スペイシー」「スペースマーケット」「インスタベース」と、それぞれのサイトによって、売上の25％～35％が手数料としてオーナーに課せられます。

そこから私たちが定額の運営代行料をいただきます。その他には電気、水道料金と、最近では必須と言われているＷｉＦｉの利用料がかかります。

最後に賃料の5万6160円を差し引くのですが、この表で見ると1月・2月分は当初の契約金の中に予め含まれているため、この月の賃料は0円となっています。開始月の1月は売上が1万6642円。そこから各サイトの手数料・運営代行手数料・そして水道光熱費を差し引いた最終的な手残りの金額がマイナス8574円となっています。

同じように見て、2月は6万1177円。3月・4月で既に軌道に乗り、売上が19万2154円、20万0632円と好調です。賃料5万6160円を差し引いても5万8390円、6万4431円の純利益がありました。

この会議室を始めるためにオーナーが最初に投資したお金は72万2713円。それから毎月6万円前後の利益が入ってくるので、1年強で初期投資額を回収できる見込みです。

表① 貸会議室（博多）

	初期コスト	1月	2月	3月	4月	5月	6月	7月	8月
スペイシー売上	722713	5950	11040	9750	11270	10250	40110	1080	0
スペースマーケット売上		10692	97501	145468	129800	115649	80056	102056	85853
インスタベース売上		0	7236	36936	59562	63533	79525	72602	58893
直接取引		0	14112	0	12348	0	0	0	0
売上		16642	0	115777	192154	200632	189432	199691	175738
スペイシー手数料		1488	2760	2438	2818	2563	10028	270	0
スペースマーケット手数料		3208	29250	43640	38940	34695	24017	30617	25756
インスタベース手数料		0	2533	12928	20847	22237	27834	25411	20613
代行手数料		8640	8640	8640	8640	8640	8640	8640	8640
電気、水道、Wi-Fi		12000	12000	12000	12000	12000	12000	12000	12000
家賃（来月分を27日振り込み）		0	0	56160	56160	56160	56160	56160	56160
その他支出		0	0	0	0	0	0	0	0
支出合計		25335	55183	135806	139404	136294	138678	133098	123168
収支		-8693	60594	56349	61228	53138	61013	42641	21578
累積収支	-722713	-731406	-670812	-614464	-553236	-500097	-439085	-396444	-374866

実例2

東京 神保町駅 徒歩5分 1K／25㎡／賃料7万円

こちらは東京都千代田区にある神保町の物件です。古くから本の街として有名で、数々の書店が立ち並んでいます。近くに大学や予備校もあり、ビジネスマンだけでなく多くの学生でも賑わっている街です。

この物件は、すでに一般の賃貸住宅として部屋を借りていた方から、貸会議室にしたい、とのご依頼を受けて仕上げたものです。

下の表②を見ていくと、スタートから2ヶ月は1つの予約サイトにしか掲載していませんでした。3ヶ月後に2つ目、9ヶ月目にようやく3つ目のサイトにも登録しました。

10月	11月	12月	1月	2月	3月	4月	5月
119160	82950	81960	46150	70570	23120	39770	56700
20304	21384	72846	59238	90936	128844	115776	54865
0	0	0	0	16119	0	8424	10719
139464	104334	154806	105388	177625	151964	163970	122284
29790	20738	20490	11538	17643	5780	9943	14175
6091	6415	21854	17771	27281	38653	34733	16460
0	0	0	0	5642	0	2948	3752
8640	8640	8640	8640	8640	8640	8640	8640
12000	12000	12000	12000	12000	12000	12000	12000
70000	70000	70000	70000	70000	70000	70000	70000
0	0	0	0	0	0	0	0
126521	117793	132984	119949	141205	135073	138264	125026
12943	-13459	21822	-14561	36420	16891	25706	-2742
-597171	-610630	-588808	-603369	-566949	-550058	-524352	-527094

6月~翌年3月のうち、7・8・9・11・1月は、ランニングコストをカバーするだけの収入がありませんでした。

ここで注目すべきは2月と3月の売上。2つ目の予約サイトからの売上が9万円台・12万円台と急激に伸びています。

この予約サイトでは利用者からのレビュー数に応じて、その物件の表示順位が上がる特徴があります。このシステムにうまく乗れると、利用者の目に触れる回数が多くなり、突然売上が跳ね上がることもあるのです。

こうしてみると、必ずしも物件の立地が影響するとは限らず、サイトの掲載順位によって売上が左右されることがよく分かります。

情報の上位表示は各サイトで色々なルール

表② 貸会議室(神保町)

	初期コスト	6月	7月	8月	9月
スペイシー売上	550000	109575	91150	96100	83000
スペースマーケット売上		0	0	3510	21600
インスタベース売上		0	0	0	0
売上		109575	91150	99610	104600
スペイシー手数料		27394	22788	24025	20750
スペースマーケット手数料		0	0	1053	6480
インスタベース手数料		0	0	0	0
代行手数料		8640	8640	8640	8640
電気、水道、Wi-Fi		12000	12000	12000	12000
家賃(来月分を27日振り込み)		70000	70000	70000	70000
その他支出		0	0	0	0
支出合計		118034	113428	115718	117870
収支		-8459	-22278	-16108	-13270
累積収支	-550000	-558459	-580736	-596844	-610114

を採用しており、エリアによっても異なっているようなので、まずは3つの大手予約サイトにはすべて登録しておくことが、リスクヘッジの観点からも重要です。

実例3　東京 渋谷駅 徒歩10分　1DK、30㎡、賃料12万円

次は東京でも若者に人気の渋谷駅に近い物件。やや大きめの部屋で賃料は12万円とやや高め。エリアの特性を考慮してパーティー需要を見込んだところ、これが大あたりで非常に高い売上をキープしています。

表③を見てみましょう。初期費用は105万円かかっていますが、2ヶ月目からコンスタントに40万円前後の売上があり、利益も10万円を超えている月が多いのが分かります。

このくらいの広さの部屋では、普通の会議室仕様だと1時間あたり1200円前後が相場ですが、パーティースペースではアルコールも持ち込み可能、ある程度騒いでも構わない、としていることもあり、1時間あたり2500円~3000円に設定しています。

このように用途を絞り込むことで、売上単価を大きく上げることに成功した例です。

表③　パーティースペース（渋谷）

	初期コスト	1月	2月	3月	4月	5月	6月	7月	8月
スペイシー売上	1050000	0	0	0	0	0	0	0	0
スペースマーケット売上		177552	402516	340038	328428	289872	343764	342495	283716
インスタベース売上		0	0	55936	17226	22086	0	9882	30672
売上		177552	402516	395974	345654	311958	343764	352377	314388
スペイシー手数料		0	0	0	0	0	0	0	0
スペースマーケット手数料		53266	120755	102011	98528	86962	103129	102749	85115
インスタベース手数料		0	0	19578	6029	7730	0	3459	10735
代行手数料		17280	17280	17280	17280	17280	17280	17280	17280
電気、水道、Wi-Fi		12000	12000	12000	12000	12000	12000	12000	12000
家賃（来月分を27日振り込み）		132840	132840	132840	132840	132840	132840	132840	132840
その他支出		0	0	0	0	0	0	0	0
支出合計		215386	282875	283709	266678	256812	265249	268327	257970
収支		-37834	119641	112265	78977	55146	78515	84050	56418
累積収支	-1050000	-1087834	-968192	-855927	-776951	-721805	-643290	-559240	-502822

※こちらのスペースはパーティー用途のため、貸会議室向け予約サイトのスペイシーには掲載せず

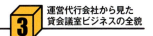

実例4　東京　大崎駅　徒歩4分／1K／28㎡／賃料10万8000円

もう一つパーティールームの例をご紹介します。

大崎はJRの乗り換え駅としては多くの人が利用する反面、駅周辺には貸会議室の数が少なく、そういったところにおしゃれなパーティールームがあることで人気を博しています。

こう考えると立地はますます重要ではなく、パーティーのためにこの場所へ利用者を呼び込むことも可能です。

この物件は築40年くらいで、6室あるうちの4室が空室となっていました。そこでオーナーが「新築そっくりさん」を活用してものすごくキレイな内装を施したのですが、それでも全然入居者がつかず、ご相談をいただきました。

「使ってくれるなら多少の騒音があっても全然構わない」ということでパーティールームに仕上げたところ、売上はあっという間に月額30万円を突破し、順調に利益を回収し続けています（表④）。

表④　パーティースペース（大崎）

	初期コスト	1月	2月	3月	4月	5月	6月	7月	8月
スペイシー売上	920000	0	0	0	0	0	0	0	0
スペースマーケット売上		10692	296028	296190	235932	236520	270756	269136	277911
インスタベース売上		0	0	12960	0	7722	9936	0	7452
売上		10692	296028	309150	235932	244242	280692	269136	285363
スペイシー手数料		0	0	0	0	0	0	0	0
スペースマーケット手数料		3208	88808	88857	70780	70956	81227	80741	83373
インスタベース手数料		0	0	4536	0	2703	3478	0	2608
代行手数料		16000	16000	16000	16000	16000	16000	16000	16000
電気、水道、Wi-Fi		12000	12000	12000	12000	12000	12000	12000	12000
家賃（来月分を27日振り込み）		108000	108000	108000	108000	108000	108000	108000	108000
その他支出		0	0	0	0	0	0	0	0
支出合計		139208	224808	229393	206780	209659	220704	216741	221982
収支		-128516	71220	79757	29152	34583	59988	52395	63382
累積収支	-920000	-1048516	-977296	-897539	-868387	-833803	-773816	-721421	-658039

※こちらのスペースはパーティー用途のため、貸会議室向け予約サイトのスペイシーには掲載せず

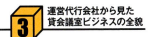

実例5　東京 鶯谷駅 徒歩5分／1K／25㎡／賃料9万円

次は民泊からの転用例です。最近は民泊で思ったより利益が上がらず、会議室に切り替えたいとのリクエストがものすごく増えています。

投資用マンションとして購入され、内装も非常にキレイでした。ベッドを撤去してダイニングテーブルを設置したら、簡単にパーティースペースができあがりました。

切り替えてからすぐに、それまでの民泊の倍以上の売上となり、パーティーシーズンの12月には30万円以上の売上を上げています。

民泊をパーティースペースに転用した例

データが証明する驚きの安定性

これまで当社が運営代行している貸会議室の実績から、統計データをご紹介します。100件以上にわたる実例から浮き彫りになった数値を見ると、貸会議室の事業がいかに安定したビジネスモデルであるかが分かります。

1 黒字になる確率は94%

これまでに半年以上経過している物件は50ヶ所以上になりますが、その中で黒字になっているものは47件、割合にして94%です。

一度利用されたお客様が固定客化する、いわゆるリピートビジネスなので、半年も経てば安定して黒字化できることが分かりました。

2 利回り100%も夢じゃない!?

貸会議室投資は都内でしか成り立たないビジネスだと思われていないでしょうか？　実は高い収益が出ているのは地方です。

都内ほど競合も多く、賃料も高い傾向にあり、収益を圧迫します。

一方、特に名古屋・博多・札幌などは初期でかけたコストを1年以内に回収できています。利回りで言えば100%を超えています。

3 初期費用の平均は95万円

賃貸として部屋を借りるための契約金、机・椅子などの備品費用の合計です。部屋の広さや立地によって賃料は変わりますし、契約条件でも多少の変動はあります。

実績値としてだいたい95万円くらいの現金があれば、誰でもはじめられるということになります。

4 72％がたった3年で投資回収

初期投資額を回収するという観点から、現状で実質の年間利回りが50％を超えるもの、つまり**3**でかかった最初の費用の全額を2年で取り返せるように進めています。扱っている物件の72％が、遅くとも3年も経てば事業トータルとして黒字化する見込みはかなり高いと言えます。オーナー物件であれば、部屋を借りるための賃料が発生しないのでこの確率はさらに高くなります。

成功するための条件ベスト10

貸会議室ビジネスが非常にシンプルで、かつ安定性の高いスキームであることをお話してきましたが、だからといって、いつでもどこでも簡単に成功するかというと、そんなことはありません。

これまでの運営経験から、利益を生み出す会議室に仕上げるには、いくつかの条件があることが分かってきました。

詳しくはチャプター4でノウハウとして確立したものをご紹介しますが、まずはその前提として、収益を上げている会議室の共通点をピックアップしてみます。

1 最寄り駅まで距離が10分以上離れていない

これは売上実績を見るまでもなく、予約サイトに物件情報がアップされている時点で実感できます。予約が入りやすいのは間違いなく駅から徒歩10分圏内。10分以上になると途端に予約が入りにくくなってきます。

2 Wi-Fi完備

予約サイトで検索する際の指定条件として項目がありますので、Wi-Fiは必須の設備です。スマホユーザーは常にデータ通信量を気にしなければならないため、どうしてもWi-Fiのある部屋に人気が集まります。

3 値段を下げすぎない。土日祝の稼ぎ時は強気でOK

需要傾向はエリアによって特徴が出るかもしれませんが、基本は土日・祝日に集中します。この時、利用料を平日の1・3倍にしておこう、などと安易な考え方は禁物。

平日は1時間あたり1000円でも、土日には思い切って3000円に設定し、それで予約が入らなければ2500円にする、というように検証していきます。

ニーズの多い駅の付近であれば、競合を調べる暇もなく埋まっていきます。相場をさほど気にせず、自分の物件だけで価格のトライアルができることも面白さの一つです。うまくいけば土日祝日だけの売上で、月額のコストの7割を回収できるようになります。

4 写真映えのする部屋

サイトで予約しようとするユーザーが、一番最初に目にするのは室内の画像です。これはきわめて重要なポイントです。

選択条件としてもっとも関心の高い「清潔感」を前面にアピールするために、できるだけ明るく撮った写真を載せる必要があります。

デザインも写真映えを意識して、広角レンズで明るく撮ったときに、挿し色を入れてアクセントをつけるなど、おしゃれに見せることがコツ。

また、細かい点になりますが、複数枚の写真をアップするときには、ユーザーの見やすさに配慮して、タテ位置かヨコ位置か、統一した方が良いでしょう。

5 完全に貸し切りの個室

銀行や大企業の応接スペースにあるように、100㎡くらいのスペースをパーテーションで4つに区切って会議室にしたい、という相談を受けることがありますが、これはあまり効果的ではありません。

会議室に求められているものは、貸し切りの空間です。利用者はセミナーや打ち合わせ、商談など個室空間を前提とした目的だからこそ、カフェではなく会議室を求めるのです。

したがって、完全なる個室を提供することを重視します。

6 利用可能人数は8名以上を確保する

これまで運営してきた実感として、収容可能人数が8名以上でないと結果が出にくくなっています。現在、売り上げが低迷して撤退を検討している物件が2室ありますが、そのどちらも6名仕様です。

6名仕様がなぜ人気がないのか、さしたる根拠は今のところ明確になっていませんが、もしかしたら少人数ではカフェで間に合ってしまうということなのかもしれません。いずれにしろ数多く運営してきた中での事実として受け止めています。

7 周辺にスターバックスやルノアールなど、電源やWiFi完備のお店がある

PCやスマホの電源を確保したい利用者のニーズは、スタバやルノアールなどのカフェも同じように押さえています。利用者の行動パターンとして、いつもスタバを利用しているけれど、そこでいざ打ち合わせをしようと思っても混んでいてできないため、じゃあ今回はちゃんと会議室を使おう、となったとき、その周辺に適当な会議室を探すケースが多

いようです。

8 週に一度は清掃を行う

会議室は人が住む部屋と違ってそれほど汚れが目立つ利用状況にはないため頻繁な清掃は必要ありません。

それでも週に一度くらいは清掃をしておくと、清潔感が維持されるし備品のチェックにも役立ちます。売上が月に20万円を超えたら、週に一度の清掃は必須です。

9 周辺にはない収容人数の、大型の会議室が狙い目

これは多少テクニカルな要素になりますが、たとえば渋谷のような、会議室がたくさんできているエリアでも、20名以上の規模のものはなかなかありません。

特に過当競争がはじまっているエリアにおいては、20名以上の規模で展開すると、競合が少なくて有利に運営できます。

10 3つ以上の予約サイトを利用する

売上を最大化するためには、集客サイトを1つに絞らないという事も大切です。レンタルスペース予約サイト大手3サイト（スペースマーケット、スペイシー、インスタベース）は最低でも利用することを強くおすすめします。

条件検索したときの上位表示のルールもいろいろ変わっていますし、エリアによって各サイトの得手不得手があるようなので、リスク回避にも備えられます。

イニシャルコストはどのくらいかかる？

横浜でスタートした12名収容の貸会議室を例に、イニシャルコストを見てみましょう。

貸会議室の備品は、机と椅子とホワイトボードがあればＯＫと言われることもありますが、実際にはもう少し準備をした方が良いです。

利用者に気に入ってもらい、リピーターになってもらうためには、次ページのリストにあるような備品を完備したいところです。

備品は利用者が自分のものと間違えて持って帰ってしまうこともあり得ますので、文房具などはできるだけ安いものにし、コード類には「持ち出し禁止」の貼り紙をつけて、精一杯の対策を行います。

貸主や仲介業者と締結する契約にかかる費用としては、一般の賃貸部屋と同様に、敷金・礼金・仲介手数料・保証会社手数料・前家賃・鍵交換費用・火災保険がかかります。

この諸経費と、前述の備品代を合計したものが、初期コストの全額となります。

郵便はがき

料金受取人払郵便

神田局
承認

4531

差出有効期間
2020年
1月14日まで

1 0 1-8 7 9 1

532

東京都千代田区
岩本町3-2-1 共同ビル8F
㈱青月社 編集部行

ふりがな 氏名《なまえ》 男《おとこ》 女《おんな》	年齢《ねんれい》 歳《さい》 職業《しょくぎょう》(学年《がくねん》)
ふりがな 住所《じゅうしょ》 〒 ー	
電話番号《でんわばんごう》 ー ー	
メールアドレス	

>>>裏面《うらめん》もご記入《きにゅう》ください

貸会議室ビジネスで副収入を得る方法

この度は青月社の本をご購入いただき、誠にありがとうございました。
青月社は、これからも皆様のお役に立つ本を出版していくために、アンケートをお願いしております。いただいたお声は、資料として役立たせていただきますので、ぜひご意見をお聞かせください。

●お買い求めの動機を教えてください。
1. 著者を知っていた　2. タイトルが気になった
3. 内容が気に入った　4. 人にすすめられた

●どこで本書をお知りになりましたか？
1. 書店　2. インターネット書店　3. メルマガ　4. ブログ
5. クチコミ　6. 新聞・雑誌広告　7. TV番組　8. その他

●本書についての感想、ご意見などをお聞かせください
（よかったところ、悪かったところ、タイトル、デザイン、価格など）

いただいたご感想・ご意見は、「読者様からの感想」として、匿名にて当社の広報に使用させていただくことがございますので、ご了承ください。

イニシャルコストはどのくらいかかる？

備品	２人掛けテーブル×６	63504円
	チェア× 12	64800円
	壁紙	17280円
	傘立て	3240円
	立脚式ホワイトボード	29160円
	プロジェクター	39960円
	ひざかけ×８	4320円
	ひざかけとスリッパを入れる箱×２	3240円
	ラック（WiFi や文房具置き）	5400円
	ホワイトボードマーカー	1080円
	持ち帰り用ゴミ袋	540円
	ハンガーラック	6480円
	クリアファイル	108円
	WiFi（初期費用）	5832円
	掛け時計	5400円
	マグネット	108円
	マスキングテープ	108円
	セロハンテープ	108円
	ノリ	108円
	モノサシ	108円
	ホッチキス	108円
	変換コネクター	1058円
	文房具類をまとめるボックス×３	324円
	スリッパ× 12	5480円
	お手洗い用タオル×３	972円
	トイレットペーパー×４	2160円
	ウェットティッシュ×２	1080円
	延長コード	1620円
	靴棚	4320円
	ハンガー× 15	1620円
	カーテン	4320円
	監視カメラ	21384円
	観葉植物	12960円
	掃除機	3780円
契約金	敷金１ヶ月	79000円
	礼金	79000円
	仲介手数料	79000円
	保証会社手数料	79000円
	前家賃	79000円
	鍵交換	21600円
	火災保険	21600円

初期コスト合計　751,270円

こんな落とし穴には注意！

民泊と違って貸会議室であれば、外国人の出入りもないし周囲にバレることはないだろうと考え、管理会社・管理組合に黙ったまま、我々に運営代行を依頼してきたオーナーがいました。

ところがあるとき、利用者がその会議室で会社説明会を行い、勝手に建物入口などにポスターを掲示したことがきっかけで、管理人に見つかってしまいました。

その結果、即撤退せざるを得なくなりました。

こういう「ヤミ会議室」のケースは少なからず存在しているようですので、くれぐれも管理会社と管理組合、そしてオーナーにはきちんと部屋の用途を事前に告知して承認を得ておくことは非常に重要です。

また、不動産仲介会社からすすめられるまま、事前調査をせずに貸会議室の運営をスタートしてしまったオーナーさんのケースでは、なかなか利益が上がらず苦労されていました。

いざ運営してみて、周囲に人気物件もないことが分かり、そもそもニーズがなかったのかもしれません。それでも大幅な赤字にはならず、わずかながらの不振が続いていたことが、撤退の判断を鈍らせました。

どんなに簡単にできると言っても、事前調査をまったく行わずにはじめてしまうのはあまりにも危険です。

広がる貸会議室ビジネスの可能性

会議室を単なる「会議を行う部屋」として使うのではなく、さまざまな用途に空間を利用すると捉えると、アイデア次第でビジネスの幅が大きく広がります。

今、具体的に検討しているものの一つに、飲食店の仕込みの時間を使った有効活用があります。

通常はランチが14時まで、ディナーは18時からとなると、14時から18時までの時間はお店をクローズし、仕込みに集中することになります。

ところが客席はまったく使われていないのですから、逆にこの時間帯だけ、客席スペースを提供する「時間貸し」がビジネスになります。

飲食店にとっては、今までお金を生み出さない時間帯でも収益が生まれることになり、とてもありがたいのです。

スクールビジネスを業としている企業が、サラリーマン向けに講義を行うのは夜間に限られるため、空いている昼間の時間帯を一般用の会議室として貸し出すケースや、小さなスペースでもマンツーマンレッスンやコンサルティングをしたい個人起業家に利用を促すケースもあります。

一般の人が自分の趣味やスキルを公開・提供してお金を稼ぐことがブームになっていますが、その際のスペースとしても、いろんな活用スタイルが求められています。

このように、これまでは「人が暮らす部屋」＋「月額家賃貸し」としか考えられていなかったものを「会議室」＋「時間貸し」として活用することで、一定のビジネスモデルができあがりました。

ここからさらに「空間」の捉え方・活用方法を柔軟に発想していくと、まだまだ思ってもみなかった活かし方・使い方が浮かんでくるでしょう。

もはや貸会議室ではなく「レンタルスペース」。

立地・時間・広さなど、これまでの先入観から脱却することで、貸す側も借りる側も、ビジネスの可能性が無限に広がります。

Chapter 4

貸会議室ビジネスのスタートガイド

物件探し～運用まで
今からはじめる人のための効率的ノウハウ

エリアの選び方・物件の見極め方

1 最寄り駅を決める

まずは場所選びからはじめます。日本全国の中で、どのエリアが貸会議室ビジネスに向いているかが最も重要です。

最初の目安として、**最寄り駅の乗降客数**を見てみます。ご自身が知っているエリアであれば1日の乗降客数が5万人以上、まったく土地勘のない場所なら10万人以上であると、無難な選択ができます。乗降客数は、インターネットなどで簡単に調べることができます。

次に、**会議室の用途にするならオフィスビルや繁華街に近いところ、もしくはカフェなどが密集している地域であることがポイント**になります。

パーティー・イベント用途では、一般的に遊ぶときに集まりやすい駅の周辺を選ぶと良いでしょう。

2 駅から徒歩何分か

エリアが決まって物件を探しはじめたら、駅からの距離にも着目します。徒歩10分以内であれば良いのですが、**ズバリ「8分以内」が理想**です。ポータルサイトで会議室情報をアップするときに、駅から徒歩10分以上となると、途端に敬遠する人が増えてきます。これはマーケティングデータに近いものがありますが、8分までの方がより安定的に予約が入りやすいということなのです。

3 競合物件で売上予測

賃貸業を含む一般の商売では、周りに競合が少ない方が有利だと思われますが、貸会議室はまだまだ伸びている市場なので、近隣に人気物件がある方が、これからの成長を期待できそうです。

利用者の心理を考えてもこの裏付けができます。希望する場所と時間帯で予約が取れないときには、その近くで似たような会議室を探します。賃貸アパートのように、家賃と間取りから決めるのではなく、まずは場所が最優先になります。

したがって、**稼働率の高い競合物件がたくさんあるエリアの方が、どんどん予約が入る可能性が高い**わけです。

▼**稼働率の高い人気物件の見極め方**

❶ 予約サイトでめぼしい物件のレビューを見てみます。レビューが多いほど利用されており、レビューが1件もない＝稼働していないと推定します。10件以上のレビューがあり、かつ「今すぐ予約」（承認なしの予約）になっているものをマークしましょう。

❷ その物件の「直近1週間」の空室状況を調べます。クリックすればすぐに出てきます。1週間で合計何時間利用されているのかを確認します。

❸ 1時間あたりの利用料金を調べます。

❹ 利用時間×時間単価で、1週間分の売上がわかります。

❺ 1週間分×4＝1ヶ月分の売上を予測します。

これでだいたいの需要予測が見込めます。

4 賃料と損益分岐点

これまでの運営経験上、**月間売上＝家賃×1・8以上であることが一つの目安、つまり損益分岐点になります。**

具体的には、賃料が5万円の物件であれば、貸会議室として月の売上が9万円以上ないと、諸経費を引いた手残りが充分に得られないということです。

したがって、**月間売上を推定できたら、これを1・8で割れば、理想的な家賃が算出できる**わけです。

賃料については、後に述べる用途や間取り・広さによって異なりますが、会議室として運営する場合、都内なら12万円以下、他の地域であれば8万円以下に抑えたいところです。

パーティー・イベントスペースとして運営するなら、会議室に比べて利用料を高く設定できることが多いため、都内で18万円以下、それ以外では12万円以下を目安とします。

5 間取りで用途を決める

ここからは現地に行ってから確認しても良いのですが、広さや間取りを見るときには会議室用とパーティー・イベントスペース用で異なるポイントがあるので、それぞれ解説します。

▼会議室のチェックポイント

狭い物件でもやれないことはありませんが、できれば8名以上の収容人数を確保できるスペースが望ましいです。

間取りは1Rもしくは1Kがおすすめです。1Kなら室内にドアがついていることが多く、トイレの音が聞こえなくなるという点でさらに良いです。

部屋の形は**300センチ×450センチ以上にする**こと。これには明確な理由があります。

初心者に多い間違いは、収容人数を増やすために部屋のスペースを一杯まで使い、机と椅子をびっしり並べてしまうことです。こうするとかえって使い勝手が悪くなってしまいます。

下の図のように、**レイアウトはアイランド型とスクール形式の2タイプが組めるようにしておくことがポイントです。**

180センチサイズの3人がけ用の机をむやみやたらに入れてしまうと、スクール形式にしたときに400センチ以上の横幅が必要になってきますが、そういう部屋はなかなかありません。

机は**2人掛けの120×45センチを導入し、多彩なレイアウトに対応できるようにしておくべきです。**

レイアウトイメージ（300cm×450cm以上がおすすめ）

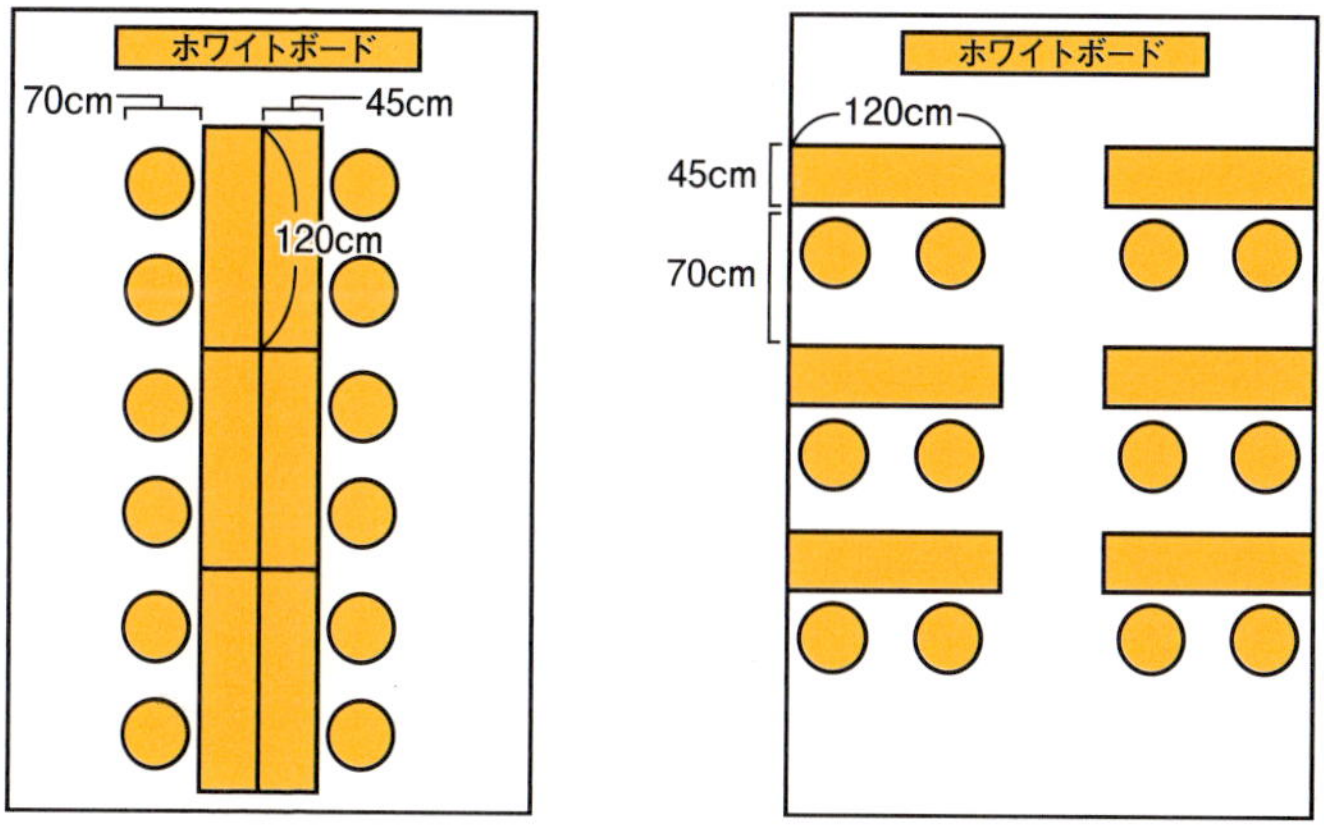

▼パーティー・イベントスペースのチェックポイント

広さとして25㎡以上は必要です。

1Kから対応可能ですが、できればキッチン周りを重視してください。鍋料理をしたり、みんなで料理を楽しみたいというニーズが多いので、**2口以上のコンロの有無や、作業スペースの広さなど、キッチン周りが充実していることが重要なポイント**になります。

天井は高い方が望ましく、3m以上あれば充分です。

50型以上の**大画面テレビを標準装備にすると予約が入りやすい**というデータがありますが、用途として芸能人のライブビデオやスポーツ中継を観ることが多いからだと思われます。大画面テレビを設置できると、ターゲットが広がります。

また、パーティースペースは外観もキレイな方が好まれます。

6 隣人にも配慮を

　特にパーティー利用を想定した部屋を探すときは、隣人のことを考える必要があります。隣が一般の住居だったり、弁護士・司法書士などの「士業」の事務所がある場合には、騒音トラブルが起こる場合がありますので要注意です。

　エレベーターを挟んで両側に1室だけとか角部屋だと、そうしたトラブルは発生しにくいです。以前にカラオケバーなどがあった居抜き物件などはまず問題ありません。

物件情報はここをチェック！

名古屋●●●マンション

所在地	名古屋市●●●●● ●-●-●
構　造	鉄筋コンクリート（RC）
規　模	地上: 12階建
築年月	1973/04（2011/3 リニューアル）
坪　数	4.82坪（15.94m²）
募集階	地上11階
入居時期	----/--（現状:相談）
賃　料	45,000円[税別]
共益費	5,000円[税別]
賃料合計	50,000円[税別]
敷　金	3ヶ月分
礼　金	相談

「名古屋」駅 徒歩7分
JR中央本線(名古屋～塩尻)
JR東海道本線(浜松～岐阜)
JR関西本線(名古屋～
名古屋市営地下鉄東山線
あおなみ線(西名古屋港線)
名古屋市営地下鉄桜通線

駅からの距離は10分以内か？

家賃の1.8倍の売上を実現できるか？

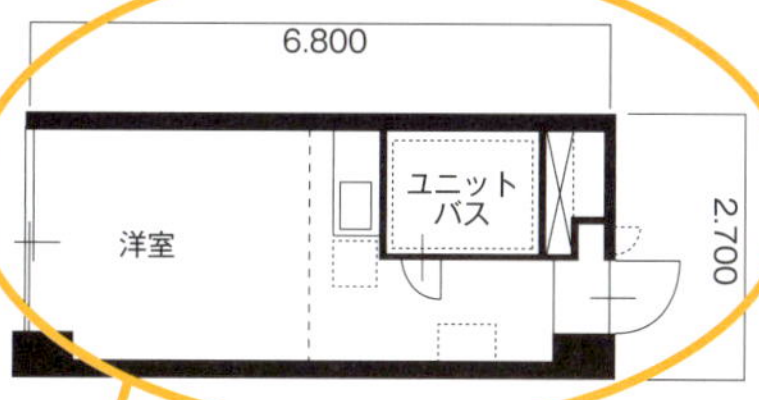

何名収容することができるか？

契約時の注意点

賃貸契約は、その物件を借りるための契約ですから、普通の賃貸住宅やテナントと同じです。ただし、たとえ時間貸しとはいえ、**第三者へ賃貸することが主な利用目的になりますので、この点はオーナーや管理組合にあらかじめ説明しておくことが必要**です。

賃貸契約書やマンション管理規約などにおいて、第三者への利用が制限されている場合があるからです。

一棟マンションのオーナーと契約する場合はオーナーの許諾、分譲マンションなど管理組合がある建物の場合には管理組合の了承を得なければなりません。

利用者の不安や近隣の方々とのトラブルをなくし、堂々と運営していくことが、結果的に安定した収益につながります。必ず許可を取るようにしてください。

許可が取れたら、契約時には特約などでレンタルスペースに利用する事を認めてもらった旨を記載しましょう。万が一のトラブルを避けるためにも有効です。

また通常の賃貸契約の際に入る火災保険では第三者が起こした火災などは補償されない事にも注意が必要です。

そのため、店舗用保険などで利用者が起こした物損やケガなども保証される保険に入っておくことをおすすめします。

人気物件にするための備品選び

物件が決まり、無事に契約が済んだら、次は備品のセットアップをしていきます。客商売の基本として、リピーターを獲得するためには利用者のニーズに合わせて満足度を高めなければなりません。また、予約は100%インターネット経由なので、室内の画像でインパクトを高めることが重要です。そのための備品選びについてお話しします。

1 机と椅子

机は2人掛けで、奥行きは45センチ以下がおすすめです。一般的には60センチのものが多いので注意してください。最近は**PCで仕事をするケースがほとんどで、机にそれほどの奥行きは必要ありません。それよりもレイアウトを変更しやすいことが優先になります。**

椅子はシンプルなものが良いです。パイプ椅子でも構いませんが、折りたたみである必要は特にありません。

ただし、座面はクッション素材がついている方が良いです。冬はもちろん、夏でもエアコンが効いてる部屋では、女性から寒いとクレームがくることがあります。座面が木製やプラスチック製など、硬さ・冷たさを感じるものは、座布団も準備します。

イームズチェアと呼ばれるおしゃれで安価なものもありますが、デザイン性が高い分、ネジが外れやすかったりするため、締め直しの作業が発生するのであまりおすすめできません。

2 パッと目をひく色づかい

多くの予約を獲得するためには、**TOP画像で目をひくことが最も重要**です。

写真映えのする色づかいのポイントは、アクセントを入れることです。

壁はもともと一色で殺風景でしょうから、そこに女性の顔などがデザインされた大きな**ウォールステッカーを貼ったり、一面をインパクトのある色のシール壁紙を貼ると効果的です。**

ウォールステッカーもシール壁紙も1～2万円程度で購入できますし、一人でも1時間あれば貼れますから、ぜひやってみてください。

また、**色については壁と椅子の組み合わせでアクセントを付けることもできます。**

たとえば白い壁の場合には、椅子の色をイエロー、オレンジ、水色のいずれかにします。必ずしも全部の椅子を同じ色にする必要はなく、1脚だけ別の色にしたり、3色をとりま

ぜても目立ちます。

モノトーンは写真で見ると重くなるし、写真映えという点では寂しいです。センスに自信がある人は赤を採り入れても良いでしょう。

いずれにしろ、**ビジネス関連の用途であっても予約をするのは総務担当の女性だったりするので、女性に好まれる清潔感と明るめの色を心がけましょう。**

3 キーボックス

利用者との直接のカギの受け渡しはしないので、部屋のドアノブにキーボックスを設置します。メールであらかじめキーボックスのカギの番号を伝え、入室時にはまずキーボックスから部屋のカギを取り出して、開けてもらうという流れが一般的です。

形や大きさ・色などは特に条件はありません。ドアのカギが入り、置き場所に設置できることを想定して、適当なものを準備します。

事前に管理組合やオーナーにキーボックスをどこに設置するのかも伝えておくと余計なトラブルになることも防げます。

4 さらに人気を高める3種の神器はこれだ！

❶ プロジェクター

プロジェクターの心臓部であるランプには寿命があります。中古はいつ交換が必要になるかわからないし、交換の費用や手間を考えると最初から新品を購入することをおすすめします。

筆者運営の物件ではエプソンのＥＢＳ-０５をメインに導入しています。価格は４万円程度。外国製では1万5～6０００円のものがありますが、説明文も表示もすべて英語表記のため、ユーザーからの問い合わせが多くなります。

エプソンのＥＢＳ-０５は、ケーブルをつないでスクリーンに投影するとすぐに取扱説明が日本語で表示されます。また、ランプの照度が明るくて、暗幕を使わなくても充分に鑑賞できます。

❷ ホワイトボード

収容人数が20名以下であれば横幅１２０センチ、20名を越えるなら１８０センチのものを選びます。材質はスチールよりもホーローの方が、文字が消しやすく長持ちするので好評です。価格はスチール製で１万２０００円、ホーロー製が１万７０００円くらいです。

❸ Ｗｉ－Ｆｉ

今やＷｉＦｉは必須アイテムです。ただしあまり大きなものや、配線に手間がかかるようなものは避けたいです。

この点、絶対おすすめなのがJP-mobileの〝レンタルスペースＷｉＦｉ〟です。コンセントに差し込むだけのカンタン設置で、大きさは一般的なモバイルバッテリーくらいなのでとても使いやすいです。

マンションに設置されている光ファイバー系のＷｉＦｉでは、一旦契約すると２年間は解約ができないなど、面倒な契約条件があるので要注意です。〝レンタルスペースＷｉＦｉ〟はシンプルに月額料金のみで、コスト計算も単純です。詳細は専用サイトで確認できます（https://wifi.jpmob.jp/rentalspace/）。ＱＲコードも載せておきますので、参考にしてみてください。

JP MOBILE
Mobile Virtual Network Operator
レンタルスペース、
レンタル会議室ルーターWi-Fi
レンタルスペースの必需品！
レンタルスペースWiFi
5000台突破
キャンペーン
月額 4,500 円
月額 3,480 円 (税抜)
業界初！
土日・祝も
毎日発送※
※年末年始、ゴールデンウィーク、
お盆休みを一部除きます。
通信制限なし※2
高速通信※1
契約期間の縛りなし
解約違約金なし
最短当日発送翌日お届け
配送料無料
※1 回線の混雑状況や通信環境などにより速度が異なります。
※2 利用用途を民泊・レンタルスペース運営に限定させて頂いております。異常ダウンロードが認められる場合は利用規約に記載の通り制限をかけさせていただきます。
※ルーター端末の仕様などは予告なしに変更する場合がございます。

Ｗｉ-Ｆｉの性能を表すものの一つに「同時接続可能台数」があります。この点に関しては、収容人数の50％を目安としておけばよいでしょう。

つまり、収容人数が12名の場合、６台まで接続できるものを選びます。

5 長い目で考えるとスリッパは必需品

会議室でもパーティー用途でも、土足禁止にした方が良いです。土足だと雨の日にすぐ汚れてしまいますので、清掃の回数を増やさなければなりません。

どんなに大人数でもスリッパを準備する方が賢明です。ただし、安いものを選ぶとすぐに底が剥がれたり縫製がほつれたりして、かえってコストがかかります。

色は汚れが目立たない黒にして、縫製がしっかりしているもの。一足で大体７００円くらいのものを選ぶのがちょっとしたコツです。

6 照明は明るさを重視

部屋は充分に明るさを確保することが重要です。天井にいくつも照明器具がついている場合には問題ありませんが、住居用だと一ヶ所だけのところも多く、単にワット数を上げれば解決するとは限りません。

普通の部屋では電球色もムーディーに感じられることがありますが、貸会議室の場合は昼光色が必須です。カラーセラピーをしたり撮影用に使ったりすることもあるので、自然な色の方が好まれるからです。

これは感覚的な判断になりますが、実際に会議をするイメージをしてみて、もう少し明るさがほしいな、と思ったときにはスタンド型の間接照明を準備したいところです。間接照明は写真映えもするので効果的です。ただし注意点として、複雑な操作を伴う間接照明はおすすめしません。脚で踏めばすぐにスイッチがつく程度のものにしましょう。

これは照明器具に限らず、プロジェクターやＷｉＦｉなどの機器を選ぶ際のポイントです。シンプルで分かりやすいものを使わないと、すぐに問い合わせが来て、運営効率が悪くなるからです。

7 効果てきめんの利用案内POP

これは備品選びとは少し逸れますが、必ず室内にはPOPを作成して貼っておくことをおすすめします。

例えばWiFiのパスワードやIDは、予約確定メールに書いてあるだけでは当日問い合わせが多く発生しますので、室内に貼り出しておいた方が良いでしょう。

その他、入口には「土足厳禁」、ドアには「忘れ物はありませんか?」、トイレには「一度に大量のトイレットペーパーを流さないでください」といった感じです。

※貸鍵室に必要な備品のチェックリストと、おもてなし・お役立ちPOP集を無料プレゼント中。
詳細は巻末の〝読者だけの5大特典〟をご覧ください。

8 魅力的に撮影する

部屋の写真は、集客において最も重要な要素です。撮影時のちょっとしたコツをご紹介しておきます。

①カメラは広く見えるように部屋の隅から撮影する
②できるだけ部屋を明るくし、カメラの設定も明るさを最大値にして撮影する
③レイアウトがわかるように部屋の四隅から撮影する
④TVやプロジェクターは入力端子の部分も撮影する
⑤パーティースペースではお皿や調理器具なども撮影する
⑥上から・目線から・下から、の3パターンで撮影し、あとで一番良いものを選ぶ
⑦会議室の場合、机のレイアウトのバリエーション（島型・スクール型・ロの時形式など）をすべて撮っておく

一眼タイプのカメラに広角レンズをつけて撮るのがおすすめです。広角の方が部屋が広く見えます。必ずしもプロに依頼しなくても、自分でちょっと意識するだけで誰でも簡単に撮影できますので、ぜひやってみてください。

大箱がいいか小箱がいいか

25㎡未満のスペースを「小箱」、それ以上のものを「大箱」と呼んでいます。部屋の広さによる運営上のメリット・デメリットについて解説します。

【小箱の特徴】初期コストが安い

部屋を借りるときに必要な敷金や礼金は、月額家賃の○ヶ月分と設定されているため、**ベースとなる家賃が安い小箱の方が、契約時の初期費用は低く抑えられます。**

備品の椅子や机の数も少なくて済み、スタート時のイニシャルコストも安くなります。お風呂やシャワー、キッチンも使わないので、ガスの契約もしません。合わせて清掃もそれほど頻繁にはやらなくてよくなります。

このくらいの広さの物件は市場に多く、わりと見つかりやすい分、やがては競合が増えていく可能性も大きいです。競合が増えると利用料の時間あたり単価を下げざるを得なくなります。

単価が安く、利用時間が短いことが小箱の特徴です。多くの予約を獲得し、リピーター

を増やすことに注力しながら、時間をかけて利益を積み上げていくスタイルになります。

【大箱の特徴】当たれば大きな利益に

大箱は部屋が大きい分、家賃も高くなりますので、敷金・礼金などの契約のための初期費用と、会議室にしても椅子と机の数が増える分、小箱よりもコストがかかります。

しかし**1回の利用時間が長くなり、単価×利用時間でまとまった売上が確保できる傾向があります**（大人数の会議の方が時間が長くなることはイメージしやすいと思います）。

競合も少なく、特色を出しやすい反面、こだわりすぎると備品の費用がかさんだり、利用者に求められるものも多くなって、どこまでニー

大箱がいいか小箱がいいか

種類	メリット	デメリット
小箱 （15～25㎡）	・初期コストを抑えられる ・物件を確保しやすい	・競合が多い ・利用時間が短い ・時間単価が低い
大箱 （25～80㎡）	・時間単価が高い ・1組の利用時間が長くなる	・物件が少ない ・初期コストが大きい ・設備に求められるものが多い

ズに応えるかも、判断が必要になります。

コストや手間はかかりますが、企画が当たれば高収益につながる可能性が高いのが大箱の特徴です。

集客サイト攻略法・7つの手順

部屋が決まり、無事に契約を済ませ、必要な備品を設置したら、いよいよ事業開始です。

会議室への集客は、ポスティングやビラ配りをする必要などまったくなく、集客するためのポータルサイトに情報を載せるだけでOKです。

このポータルサイトをきちんとカバーすることで、売上が大きく伸びていきます。

肝に銘じてほしいのは、最初に画像とタイトルで惹き付けられなければ、利用者は詳しく内容を読んでくれないということです。

ここで紹介するポータルサイトの攻略法をじっくり読んでいただければ、必ず大幅な集客に繋がります。

1 準備物

物件の画像データと住所が書かれたものを準備します。画像の枚数は最低6枚、理想を言えば12枚くらい欲しいです。

ファイルサイズは、予約サイトによっては1枚あたり1メガバイト以下に制限されていることもあるので、確認しましょう。

2 サイトにアップするための作業手順

①スペイシー、スペースマーケット、インスタベースにて「掲載者アカウント」を作成します。

②各サイトで、それほど掲載までの手順に違いはありません。サイトの案内に従って順序通り情報を入力するだけです。

3 タイトルの良い例・悪い例

物件紹介のタイトルは利用者が最も注目する部分です。タイトルに入る約50文字にどんな情報を入れるかで予約確率に大きな差が出ます。

駅からの時間や目印となる建物からの距離、Ｗｉ‐Ｆｉやプロジェクターなどの設備まで、タイトルに入れてアピールします。

▼悪い例

「渋谷レンタル会議室」

「静かな会議室なので会議や打ち合わせにピッタリ！」

▼良い例

「★西新宿駅徒歩1分・エリア最安★Ｗｉ‐Ｆｉ／プロジェクター無料♪ ゆったり8名」

「タワレコ徒歩1分★8名収容★完全個室★Ｗｉ‐Ｆｉ／プロジェクター／ホワイトボード無料」

ポイントは立地や設備、こだわりポイントがタイトルだけで分かるように凝縮すること
です。

4 紹介文の書き方

物件の紹介文にはタイトルで伝わりきらなかったアピールポイントを入れることと、スペースの目的がはっきりと決まっている場合はそれも明記しておきましょう。

▼**本文例**

八丁堀駅から徒歩3分、完全個室の貸会議室がOPENしました！

28名収容の広々スペースです♪ 80インチのスクリーンを導入しましたのでセミナーにぴったり！

無料でWiFi／高品質プロジェクターが利用できます。

会議やセミナーでも使いやすいように大きなホワイトボードもご用意！ 採用面接や面談、会議やセミナー、勉強会など様々なシーンでご利用いただけます。 部屋の清掃は当

スタッフが頻繁に行っており、皆さまにより良いスペースとなるよう清潔を第一に心掛けています。

■ご利用用途

会議、打ち合わせ、各種ミーティング・勉強会、セミナー、レッスン、面談、面接、ＳＯＨＯの拠点・撮影・収録スタジオ

※ただし大音量や振動を伴う行為はご遠慮ください

本文の記載内容は、魅力のアピールだけでなく、トラブル回避のためにも有効です。

5 画像を入れる

画像には、加工して文字などを入れると格段に分かりやすくなります。

特に物件のＴＯＰ画像には文字やアイコンを挿入すると分かりやすくなります（下の写真参照）。

6 正しいネーミングが運命の分かれ道

会議室にネーミングなんて必要なの？　と思われるかもしれませんが、これはとても重要なことです。

一番の理由は、複数の物件を運営しているときに物件名で見分けられることにあります。

複数のサイトに物件情報を掲載するときにはダブルブッキングを回避するためのスケジュール管理が必要になりますが、１物件ならまだしも、物件数が２つ以

上になった途端、作業が煩雑になっていきます。

また、同じエリア、同じマンション内で自分の貸会議室を複数展開するようになると、個々に名称をつけておかないと紛らわしくなるばかりです。

もう一つの理由は、利用者からの問い合わせに迅速に対応するためです。

本来は「○○マンションの○○○号室」で場所が特定できますが、貸会議室を「商品」として市場に出すと、そんな丁寧に把握してくれるお客様は皆無です。

そもそも室内には「○○号室」という表記はありません。部屋の中からの問い合わせでは、双方に場所を特定するためにも会議室名を明記しておくと、対応が非常にスムーズになります。

さあ、ここまで準備すれば、あとは予約が入ってくるのを待つだけです。

7 予約が入ったらやること

▼すばやく「承認」する

利用者がサイトに予約を入れると、次にオーナーが「承認」してはじめて確定します。

このレスポンスをどれだけ迅速に行っているかで評価がつき、高い評価の物件は検索時の表示順位が上がるようになっているサイトもあります。

利用者側からすれば予約申請を出したのに、1日経っても承認されなければストレスになります。その後、二度と使われなくなるかもしれません。

そのため、予約が入ったら可能な限り即時、遅くても12時間以内には承認するようにしてください。

もしくは予約サイトによっては承認不要の「今すぐ予約」という設定にしている物件の掲載順位を上にしているサイトもありますので、出来る限り利用した方が良いと思います。

▼メール、問い合わせには迅速に回答

利用者側から利用方法や設備についての質問などもよくあります。

そういった質問にも素早く回答する事で、比較検討している競合との差別化を図ることにもつながります。

運営・管理のコツ

事業をスタートして、**最も注意を払わなければならないことは、予約のダブルブッキングです。**

複数の集客サイトに情報を掲載していると、予約が入る確率は高まりますが、その分ダブルブッキングになってしまうリスクが大きくなります。

これに対処するには、自分で各サイトの予約状況をこまめに確認し、予約が入ったら、他のサイトに掲載している分の同時間帯を「予約済み」にします。

ダブルブッキングは、お客様にも大きな迷惑をかけてしまいますので、万が一発生した場合は、できるだけ早めに見つけ出して対処することが望まれます。

近場で複数展開している場合には、ダブルブッキングとなった利用者を別の会議室に誘導することも可能です。

この他、利用者からの問い合わせに答える、備品をチェックする、10日に一度くらい掃除をする、ということが主な管理業務になります。

以上のように、運営面では①予約状況の管理と②利用者からの問い合わせ対応が2大タスクです。

こう考えると、最初の物件選びさえ間違えなければかなりの確率で安定的に利益を得られ、かつ運営にかける労力もそれほど大きくない、ということがお分かりいただけたかと思います。

ただし、巷にはブームに乗ってにわか知識で会議室事業をアピールするケースもあるようです。「これは会議室に最適な物件ですよ」と仲介業者に斡旋され、安易にスタートしてはみたものの、なんのノウハウも根拠もなくて失敗した、という例も耳にします。

人の話だけを鵜呑みをせず、今回お伝えしたチェック項目を一つ一つ確認され、堅実な会議室運営に取り組んでいただきたいと思います。

Chapter 5

予約サイトの経営者に聞く！

サイト運営者から観た貸会議室ビジネスの現状と展望

貸会議室のカギを握るのは集客です。その集客の唯一絶対の手段として、いかにして有効に予約サイトを活用するかが重要になります。

予約サイトを運営されている方々に直撃インタビューをして、各サイトの特徴から、今後の貸会議室市場の可能性まで、本音を聞き出してみました。

投資家、運営代行会社とはまた違った視点で気づかされることがあります。

法人利用に大きな可能性を見出す業界大手

株式会社スペイシー

代表取締役　内田圭祐氏

武田正史氏

田中　まず、貸会議室の業界に参入しようと思ったきっかけは何ですか？

内田　最初は太陽光の見積もりサイトを運営していまして、この業界に入ったのは２００９年、前の事業を売却して新しいことを始めようと思ったのがスタートです。

森実　場所はどちらで？

内田　新宿です。最初は自分で会議室をつくり、テストマーケティングをしました。当時は貸会議室というカテゴリーがなくて、場所を探すのにも苦労しました。

田中 そんな中で、収益性の見込みはどうやって立てられたのですか？

内田 そもそもまずは1時間1000円でやってみようと思い、それで利益が出るか試してみました。

森実 集客サイトがない時代に、どのようにしてお客さんを募集したのですか？

内田 自分たちも会議室を借りたい時、ネットで探すのに1時間くらいかかりました。それでも利用料金が1時間あたり3000円もする。だから私たちは1000円に設定しました。すると、だんだん見つけてもらえるようになり、やがてキーワード検索でも上位に表示されるようになってきました。

内田 すると最初から月に20万円くらいの売上になり、4つの会議室を運営することになりました。そうしてじわじわと実績が上がり、4、5ヶ月で初期費用を回収できました。

森実　4、5ヶ月？　それは凄いですね‼

田中　その時からやりたかったなぁ。

森実　利用目的はどんなものだったのですか？

内田　レッスン系が多かったですね。

森実　予約サイトを立ち上げようと思ったのはどのような動機からですか？

内田　当初、貸会議室を使いたい人は、〝新宿〟〝会議室〟などのキーワードで検索していたわけですが、要するにスペースが必要だな、どこかにないかな、と困ってからはじめて行動に出るわけです。それならば、はじめから〝こんな場所がありますよ〟とアピールする方が新規需要を開拓できるし、リピーターの獲得にもつながる、と考えました。

内田　その時の経験を活かし、現在のサイトでは〝利用用途から探す〟というページを充実させています。会議・打ち合わせ、マンツーマンレッスン、美容サロン、セミナー、市場調査、個展・展示会、商談、研修、楽器演奏、撮影、面接・試験、各種パーティー、教室・習い事など、こんな用途で使いたいな、と考える利用者さんの多様なニーズにお応えできるよう、サイトをつくっています。

森実　リピーターって、やはり多いのでしょうか？

武田　弊社の場合、利用者の半数は1回利用ですが、あと半数はリピーターで、年間の平均利用は6回程度になっています。

田中　御社のサイトの掲載物件数、成約件数はどのくらいありますか？

内田　2013年12月の開業時には物件数100件くらいでしたが、今は5000件になり、月間の成約件数はおよそ2万件になります。

武田　物件の種類としては大きく3つに分けられます。①もともと本業で運営、②所有物件の遊休部屋を転用、③投資として部屋を借りて貸し出す。このうち③の投資として運用される方は300名くらい。

森実　その投資家さんを集める方法は？

武田　定期的にセミナーを開催しています。そこで会議室投資の魅力をお伝えして、ビジネスとしてのスキームをレクチャーさせていただいています。

森実　それ私、行きました。一年半前でした。笑

田中　私も目黒の会場に行きました。この本にもその時のエピソードを書きました。

武田　はい、覚えていますよ。お二人のおかげで名古屋・大阪・福岡の物件が増えていま す。ありがとうございます。札幌はまだ少ないので、これから探していきます。

田中　こんなオーナーが儲かっている、という特徴はありますか？

武田　利用者が欲しいと思う備品やレイアウトを熟知している、利用シーンの適切な提案ができる、良い写真を撮っている、といったところでしょうか。

森実　物件選びのコツや料金設定のポイントなどがあれば教えてください。

内田　駅に近ければ近いほど利用率が高まることは間違いありませんが、駅の乗降客数も重要です。それから近くにいろんな会議室があると需要がわかりやすいですね。定員10名未満だと回転率が高くなりますし、回数では定員4人以下が多いです。金額については、㎡単価や競合物件との兼ね合いなど、正直言ってまだ確固たる基準がないですね。

田中　ボクらの会議室仲間でも、予約が入らなくて利用料金を1時間あたり100円に設定してみた人がいましたが、それでも入らないからね。値段ではない気がしています。

森実　ウチの物件では、中央線沿線で、1時間あたり700円で入らず、600円でもダメ、しかし300円にしたら急に予約が入り出したというケースがあります。

内田　価格の相場が固まっていないということは、まだそれだけ成熟していないということですね。まだまだこういう時期は続くと思います。

森実　これからの会議室ビジネスで狙い目はどのような点に着目されていますか？

内田　法人向けのサテライトオフィスですね。今は中小・零細企業がどんどんオフィスを持たなくなっています。オフィス＝執務室になり、必要な時に作業ができれば良い、というまさに〝スペース〟としての需要が求められています。

武田　実際、弊社では法人プランをご用意しています。会社のメンバーのどなたがいつ利用しても、ご請求は総務部門に一括請求。これが使いやすいと好評です。あくまでも時間貸しという点にメリットがあり、一室を定期で利用するのではないので、固定費の削減につながっています。

田中　ところで、貸会議室運営の仕組みは民泊に似ていますよね？　でも民泊は新法の影響で物件のオーナーや管理会社が敬遠するようになって、物件探しが難しくなりました。この点はどうお考えですか？

内田　たしかに物件を探す難易度は高いと思います。でもまだまだ貸会議室の良さをご存知でないオーナーさんや不動産会社は多いので、これから開拓の余地は十分あるし、まだまだ伸びていくのではないかと思っています。

武田　弊社のサイトに〝宿泊もＯＫ〟と表記されてしまうケースが見受けられましたが、これは削除させていただきました。

森実　これから増やしていきたい物件はどのようなものでしょうか？

内田　やはり投資物件ですね。部屋自体にはそれほど特徴がなくても、駅前や、駅からご自分の会社に行く途中に3件くらいある、という状況が理想です。そして今の5000件を2万件くらいにしたいです。それもただ数が増えれば良いというのではなく、便利な物件となると、オーナーさんがたまたま空いている部屋を運営するものよりも、感度の高い人が需要を考えて取りに行く投資物件の方が良いですね。

田中　これまでに掲載者さんとのトラブル

やマナーで問題になったことはありますか？

武田　物件を持ち込んで、この物件はいくら売上が上がるのか？　と問い合わせてこられる方には少し困りました。ある程度の推定は可能ですが、1件1件の詳細な予測は難しいです。あくまでも投資なので、そこを理解していただきたいですね。

武田　また、利用者からの問い合わせに対応されないと、スペースの評価も上がりません。キャンセル処理をしないとか、質問に回答しない、クレーム対応しないなど。利用者あっての会議室運営だということを意識していただきたいです。

森実　業界の中で、ズバリ御社の強みは何ですか？

内田　貸会議室に絞っている、ということです。会議室といってもその利用目的が様々あるわけですが、本質的には〝ワークスペース〟をドメインに、用途を広げてもらいたい。ビジネス利用ならスペイシー、といった感じですね。

武田 そのためにも今後、セキュリティー関連の設備として、顔認証やスマートロックなどを充実させたいと考えています。

内田 大企業はどんどんリモートワークを推奨しているので、それがやがて中小企業にもおりてくると思います。働き方が変わっていく中、オフィスの外で働くことが当たり前になる、さらに副業まで推奨されている、その需要に応えるのですから、このビジネスモデルが伸びないわけがありません。追い風しか感じないですね。

田中 利用者のニーズを反映した機能みたいなものはありますか？

武田 〝今すぐ予約〟というシステムがあります。忙しいビジネスマンで急な打ち合わせが必要になった場合など、5分前、10分前でも使えるスペースを探しています。そんな時、1分前まで承認なしで予約できる部屋が人気です。

田中　掲載者としてはダブルブッキングにならないように、スケジュール管理に気をつけないといかんな。

森実　ユーザーニーズを踏まえて、この先はどんな発展がありますか？

内田　私たちは将来、教育コンテンツの制作を通じて、個人の生産性を高めることに寄与したいと考えています。その足がかりとして、たとえば室内にカメラを設置し、セミナー内容を収録してコンテンツ化したり、議事録を作成するサービスを検討中です。

田中　いつかはスペイシーさんで会議室を借りたら、そのまま映像コンテンツにして販売できるようになりそうですね。そりゃ、いいわぁ。

森実　これから貸会議室を始めようとしている方へメッセージをお願いします。

内田　ご自身のオフィスの一角を貸会議室にするのも良いですし、貸会議室を踏まえて良い場所にオフィスを構えるという発想もできます。これから投資物件を探して貸会議室をはじめてみたいと思う方も含め、運営のフローやサイトの使い方などを解説している弊社のセミナーにぜひお越しいただきたいと思います。

田中　ところで、スペイシーさんの社名の由来とは？

内田　Ｓｐａｃｅｅは、ＳＰＡＣＥにＥを付けたものですが、ＥにはＥコマース、つまりインターネットを介したやり取りを通じて、物理空間を電子情報で活用できること、具体的にはスケジュール管理を象徴しています。スペースを電子（Ｅ）が状態把握している、という意味ですね。

女性目線で新しい発想の予約サイト実現を目指す

アリエ・スペース（株式会社ブルーロータス）

代表取締役　若杉真里氏

森実　今日はよろしくお願いします。最初に聞きたいのは、若杉さんはなかなかこの業界にはお見かけしないタイプなのですが、なぜこの仕事をしようと思われたのでしょうか。

若杉　実は、会議室の必要性を意識し始めたのは、もう15年くらい前になります。当時私は英語の専門学校に通っていて、学校の課題を舞台で発表する機会がありました。その時にグループで準備を進めるのですが、どこか場所を借りたくてもなかなか見つからなかった。やっと見つけても、カフェの中で1時間3500円とか、学生にとってはとても利用できない価格でした。その後、司法試験の勉強もしていたのですが、ゼミの仲間とワークをしたくても、その場所がなくて。

学校の教室は休日使えないし、公民館や図書館では声が漏れてしまいますよね。そんな時、手頃に使える会議室があったらなぁ、と思いました。

田中 やっぱりユーザー側からニーズを求めていたんですね。っていうか英語とか司法試験とか、どんなキャリアなんですかっ？

若杉 私、幼少期は養護施設で育ちまして、高校卒業後もお金がなかったんです。化粧品のセールスをしながら、それでも人生を変えたくて、勉強して大学を卒業しました。その後はアメリカの法律事務所で働いたこともあり、日本に帰ってきてからも法律事務所で働きながら翻訳の仕事をやっていたので、専門は法律と英語でした。

その後、結婚しましたが妊娠中に離婚。出産後は子どもが病気ばかりして、生まれて一年半くらいはほとんど働くことができませんでした。雇われる側だと、休みを取ろうとすると理由が何であれ嫌な顔をされるんですよね。収入を気にすれば自由な時間がなくなります。そして不動産投資に興味を持ち、この業界に足を踏み入れました。

森実　ずいぶんご苦労され、いろんな経験を積まれてきているのですね。それで不動産投資といっても、レンタルスペースビジネスに目をつけた。
でも会議室の提供者側ではなく、サイト運営を選ばれたのはなぜでしょう。

田中　そうそう。すでに大きな会社が予約サイトを立ち上げている中に乗り込んでいこうっていうのは、燃えている火の中に自ら飛び込むようなものじゃない？

若杉　たしかに弊社は後発で、小さな会社ではありますが、だからこそできることがあるし、大手にできないものを実現するところにチャンスがあると思ったんです。

森実　それは興味深いですね！　たとえばどんな？

若杉　今のサイトで違和感を感じているのは、予約のための導線が、パッと見て自分が思うところにたどり着かない、というか、私にとっては何だか探しにくいんですね。男性的なつくりなのかな。私としては、もっと探しやすくて、探していてワクワクするようなサイトがいいなと思っているんです。宝探しをするような。

田中　それ、面白い。カテゴリー分けも他のサイトとは違う感じですか？

若杉　はい。これまでは「会議室」とか「パーティー」だとか、そういったいわば『普通の』カテゴリー分けでしたよね。でもウチは違います。もっと楽しい感じのカテゴリー分けになります。それも利用者から見て楽しい要素の一つだと思っています。そしてまだ弊社のサイトはオープンしたばかりなので、これから私の理想を実現していく余地がたくさんあります。ちょっと観念的かもしれませんが、無味乾燥のつくりではなく、使う人が元気になるような、活気ある色づかいとかも研究しています。

森実　他に具体的な差別化のアイデアを教えてください。

若杉　専用アプリを使って利用者に合わせたカスタマイズができるとか、ＱＲコードでの決済を可能にするとか、手数料の安さにもフォーカスしたいです。ウチはまだ小さい規模なので、大手さんに比べて人件費や固定費がかからないことが強みでもあります。

田中　でも掲載者（物件オーナー）としては手数料よりも集客とか成約率の方が気になりますよね。

若杉　その通りですね。もちろんリスティングも研究しています。あとは逆の発想で、女性の目線からみた部屋づくりにもこだわって、高級志向のカテゴリーもつくりたいですね。

今はトイレが男女共用だったり和式だったりすることがあまりクローズアップされていません。会議室を予約する人は秘書など女性が多いです。その際、女性ならではの感性で魅力ある設備を充実させていくこともできると思います。

高級な雰囲気も喜ばれます。飛行機にもプレミアムシートがあるように、会議室もプレミアムクラスをつくって、専用のボタンでカテゴリー分けすると、より魅力的になって付

加価値が生まれます。

森実　それは面白い。旅行の予約でも、ユーザーが先に要望を出して、それに応えるコンシェルジュサービスを提供するところもありますよね。

若杉　まさにそういうことが、私の考える直感的な要望に応えるサイトなんです。

田中　それを実現するにはサイト運営側が物件のことをよく知っておく必要がありますね。

若杉　はい。ですので特に最初のうちは、物件数を増やすことを目標にせず、1件1件、部屋のコンセプトやオーナーさんともしっかり向き合っていきたいです。そして説得力のある評価基準を策定し、私自身が直接、すべて丁寧にチェックした物件を心を込めて紹介させていただこうとも考えています。

森実　それいいですね。私が選んだオススメ会議室、みたいなコーナーも作れますよね。読み物の記事風にも紹介できるし。

民泊のサイトではホスト認証制度というのがあって、利用者レビューでの星の数を表示したり、そのサイト主宰者が見てオススメの部屋が上位に上がってくるシステムがあります。

若杉　市場が育っていくと、必ずそういう感情に寄り添った情報が望まれる様になってきます。そしてその時に大規模な数を抱えているとなかなか対応できません。量より質が問われる時期が、きっとやってきます。

田中　そういった観点では、たしかに今の予約サイトはどこかしーんとした感じで、機械的に情報を選択している感じだなぁ。

若杉　必ずしもそれが悪いわけではありません。あくまでもこれからの差別化として、小規模だからこそできることを考えているのです。そういう意味で、これまでにはない温かみのあるアットホームなサイトにしていきたいですね。

森実　掲載者（物件オーナー）にはどんなことを期待しますか？

若杉　どういう人に使って欲しいのか、といったコンセプトをしっかりと定めていただきたいですね。単なる用途ではなく、そこで何を楽しんでもらいたいのか。そこに掲載者の思い入れや気合いがにじみ出てくると思うんです。それを受け止めていきたいです。たとえば、部屋情報の一つに掲載者の顔が見えるように。○○さんが育てた野菜、みたいな感じで。オーナーが信頼されれば、その方が提供する部屋も価値が上がります。

森実　それが御社の強みになるんですね。モデルケースはやはり会議室ですか？

若杉　会議室の需要が一番ですね。でも私自身は社交ダンスもやっていて、ダンスの練習ができるスタジオも増やしたいです。

森実　ダンスは今や小学校でも必修科目になっているくらいだから、今後ボリュームが出てきそうですね。

田中　掲載物件としてはどのようなものを予定されていますか？　注力したいエリアとか。

若杉　基本的には関東圏です。ニーズが高いことがわかっているからです。あとは主要都市。名古屋や大阪や福岡など。郊外の一軒家でもパーティー需要があるでしょうし、とにかく1件1件の内容を重視して、あまり型にはめずに柔軟に考えていきたいですね。

着眼点の一つとして、これからは司法試験のための塾など、さまざまなニーズを抱える企業にもアプローチしていこうと思います。塾は数名利用の小さな部屋から数十名規模の大きな部屋まであります。それなのに大抵は昼間に教室を使わないことが多く、そういうスペースを流用することを直接提案に行ったりすると、反応が良いんです。うちは昼間、

一棟まるごとガラガラなのでどうにかしてください！って（笑）

森実　これからの目標はありますか？

若杉　まずは使いやすいサイトを完成させること。その時に利用者からみて〝このサイトじゃなきゃ〟という色を出したいですね。

田中　たくさんのアイデアがあって、いろいろ実現するのは大変そうですね。

若杉　進化し続ければ良いと思っています。皆さんが一生懸命つくった会議室を一緒になって盛り上げていきたい。物件オーナーさんの想いを感じながら、事業として並走していく感じですね。あくまで主人公は利用者さんと掲載者さん（物件オーナー）ですから。アリエ・スペースは利用者も掲載者もみんながハッピーになれるサイトを目指したいと思っています。

株式会社スペースマーケット

設立年数 5年（2014年1月）
本社住所 東京都新宿区西新宿 6-15-1 ラ・トゥール新宿 608

月間PV数 非公開
月間予約組数 非公開

サイトの特徴

◇レンタルスペースの登録数は日本最大で1万件以上。イベントスペース、会議室、住宅、飲食店をはじめ、お寺や古民家、無人島などあらゆるジャンルのスペースが登録されている。
◇パーティー、会議、セミナー、撮影、趣味の利用等、法人・個人の様々な用途で利用されている。
◇自治体や企業とのコラボレーションも多く、レンタルスペースを使った新しいシーンの創造にも力を入れている。

運営者のコメント

より魅力的なサービスを提供するため、日々新しい機能や取り組み、キャンペーン等を積極的におこなっています。ホスト(スペースオーナー)向けの勉強会や、個別相談会、ホスト同士の交流会等も実施しており、ホストの皆さんとのパートナーシップを大切にしながら、共に新しい取り組みを展開・挑戦しています。

https://www.spacemarket.com/

貸切のレンタルスペースで"やってみたい"を叶えよう

10441件のスペースから、目的に合ったスペースがすぐ見つかる

特集

世界初！プロジェクター&スピーカー一体型ライトpopIn Aladdinを使ってみませんか？

楽しいパーティーのひとときを思い出に。「THETAが使えるお部屋」特集

「貸切イルミ」特集｜今年は贅沢にイルミネーションを独り占めしませんか？

【15日連続】"#貸切クリスマス"大放出スペースプレゼントキャンペーン

特集をすべて見る >

宿泊はいかがですか？

宿泊のスペースをすべて見る >

株式会社 Rebase

設立年数 4 年（2014年 4月）

本社住所 東京都渋谷区恵比寿西 2-20-17
代官山サンライトビル 2 階

月間 PV 数 非公開

月間予約組数 非公開

サイトの特徴

◇全国のレンタルスペースをアプリやパソコンから手軽に予約できます！

◇貸し会議室からパーティースペースまで、スペースの種類に関係なく幅広い用途でまんべんなく予約が入ります！

◇掲載料無料だからこそ、余計なコストをかけることなくレンタルスペースとして収益化できます！

運営者のコメント

「いつでも、どこでも。最適な空間がそこに。そして手軽に。」

インスタベースは、スペースを使いたい人とスペースを貸したい人をマッチングするレンタルスペースの予約・集客プラットフォームです。仕事の打ち合わせで、会社セミナーで、ダンスやヨガのレッスンで、趣味の教室で、友達とホームパーティーで。

インスタベースなら一つの用途に偏ることなく、あらゆる用途で予約が入るので、スペースの稼働率を高めることができます。

掲載料は無料のため、固定費が発生することなく売上を作ることができて安心です。

https://www.instabase.jp/

株式会社スペイシー

設立年数 5年（2013年10月）

本社住所 東京都港区新橋2-20-15
新橋駅前ビル1号館6F

月間PV数 約150万PV

月間予約組数 約20,000件

サイトの特徴

◇会員数16万人。
利用者が前月比約10%程度で継続して増加中

◇ビジネスでの利用者がメインのため、イレギュラーな対応がほとんどなく比較的運用の手間が少ない。

◇掲載して運営を始めるときに必要なことも弊社でフォロー。
安心して掲載することができます。

運営者のコメント

投資家向け貸会議室運営セミナー、貸会議室の運営代行や、物件探し～スペース掲載まで、トータルでサポートを行っております。また今後は、スペース運営に係るアプリ改善や他サービスとの連携を行い、より手軽に誰でも貸会議室を運営できるよう取り組んでまいります。

https://www.spacee.jp/

Chapter 6

先駆者2人の本音対談

個人投資家×運営代行会社
貸会議室ビジネスの第一線を走る2人が語るリアルな話

ここまで読んでいただいた読者の皆様に感謝です。
執筆をした私たち自身も、貸会議室ビジネス市場がこれから大きく勢いよく発展する可能性があることを、あらためて確信しました。

貸会議室ビジネスはまだ黎明期なので、先を予測した正しい選択・間違いのない進め方、というものがはっきりしているわけではありません。だからこそ面白い。試行錯誤、トライアンドエラー。先駆者ならではの楽しさです。私たちは楽しみながらこの事業をすすめ、新たな発見と気づきを得て、市場を形成していく手応えを感じています。

ここから先は、バイブルでもノウハウでもなく、実体験からくる個人的な本音をお話しします。おそらくみなさんが感じるであろう疑問を先取りし、私たちの実感・実体験を交えてお話できればと思います。

これから期待できるエリアはどこ?

森実 これは私たちの一番の関心事ですね。ズバリ、札幌なんて良さそうですね。

田中 札幌に需要がないなんて考えられない。東京で貸会議室を使ってみた人が、出張やセミナーで大阪に行ったとき、現地で探しはじめている。札幌もメジャーな出張先として、同じ道をたどるはずです。

森実 同様に博多も盛り上がってきています。各企業では九州ブロックのエリア会議などが博多で開催されています。同じ福岡県でも天神はややローカルな感じ。基本は新幹線が停まる駅が鉄板ですね。梅田よりも新大阪、栄よりも名古屋駅周辺が良さそうです。

他の軸では人口密集度が関係しているような気がします。広島・岡山・静岡など可能性がありますが、製造業が多い地域ではあまり会議の需要が見込めず、サービス業が盛んな街は期待できそうですね。

田中　関東でもやっぱり新幹線エリアかな？

森実　大宮とかいいですね。実際に高稼働です。東京特有の事情としては、山手線沿線ならばだいたいどこも需要が見込めます。いわゆるＩＴ系の多い街が狙いですね。大きなオフィスを必要としない企業が、貸会議室を求めています。
　大宮とか川崎、大阪では三宮、福岡では天神など、私たちが出店する前は１ヶ所もなかったんですよ。

田中　私の仲間はつい先日、大分に出して順調だそうですよ。

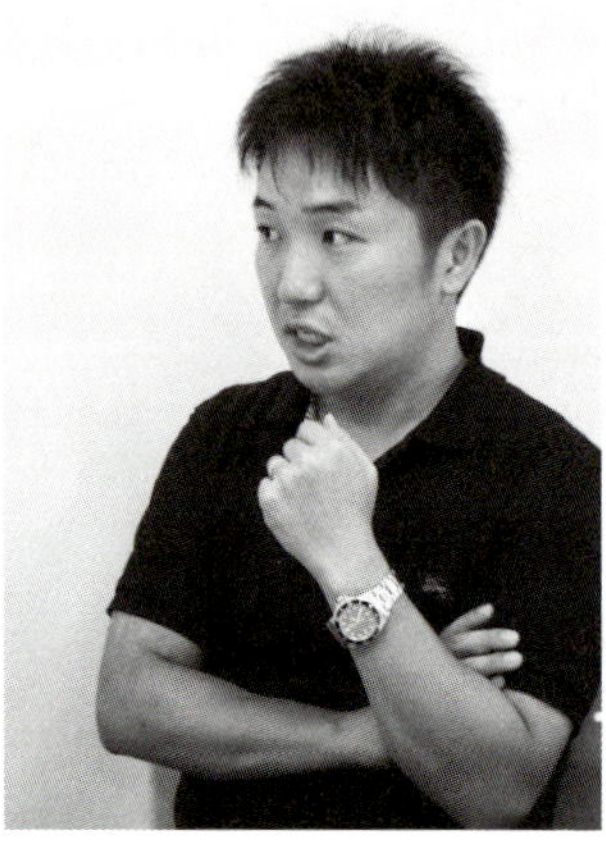

物件はどうやって探す?

森実　一番の肝は、不動産仲介業者を見つけること。具体的にはインターネット検索で、「県名」・「都市名」・「不動産仲介」というキーワードで見つけます。仲介業者が見つかったら、手当たり次第にメールを送り、こちらの目的、やりたいことを伝える。これだけです。

メールを20件送って、だいたい2割、4件くらいの返信がありますので、そうしたら即訪問して、営業さんとコンタクトします。

その時に、入居者を探しているオーナーさんに対して貸会議室の有用性を正しく伝えてもらうことがポイント。普通の入居者ではないからといって、怪しいと思われないようにすることが肝心ですね。

実際には、普通の賃貸よりも貸会議室の方が利益が上がりますし、なかなか入居がつきにくい物件でも貸会議室なら運用できることも多いので、仲介業者の営業マンが私たちと付き合うことのメリットを感じてもらえればかなり有利に話が進みます。

田中　民泊や転貸に拒否反応を示さない不動産仲介業者を見つけることが大事です。私の場合、先輩が不動産会社をやっていて、かなり理解を得ることができました。そう考えると、いきなり見ず知らずの土地へ行って飛び込みで訪問するよりも、まずは投資家のつながりから紹介してもらうのも効率が良いと思います。

ただ、私が今行っている勉強会でも、なかなか即行動に移せる人は少ないですね。10名参加しても、その後で仲介業者を訪問する人は2、3人かな。それも熱心にやり続けて、ようやく理解ある業者にたどり着く感じ。

それでも、たとえば不動産投資で高利回りの1棟ものを探すときの苦労に比べればずっとカンタンなんですけど。頭でわかっていても、やっぱり多少の温度差はあるのかな。」

これまでにうまくいかなかったことは？

田中　そもそも自分がうまくいっているのかどうかわからなかった、というのが本音です。利益が出ていても、それが事業として成立しているのか、周りと比べてどうなのか、という点で。そんな時、森実さんと出会って、自分のレベルがわかりました。

森実　私は運営代行会社ですから、業務委託していただいているクライアントさんの利益を上げることが大命題です。その点、うまくいかなかったことといえば、予想外の経費がかかってしまうことです。

具体的には、古いエアコンのある物件で、引き渡された後に冷房の効きが悪いことがわかり、新品を買い直しました。またシンクの匂いがこもっていて清掃に余計な経費がかかってしまったこともありましたね。

田中　思ったより売上が上がらないというときもありますよね。

森実　そういう時は、必ず原因となるものがあります。そもそも需要がないエリアではやらないので、他の原因として周辺の競合よりも料金が高い、同じような収容人数の会議室が多い、Ｗｉ‐Ｆｉなどの設備が不足しているなど。それから予約サイトにアップする写真を撮り直したりしています。
　改善をしたら、１ヶ月ずつ様子を見ます。先月やったことを振り返り、次月に反映しているかどうか確認して、また別のことをやる。こうしてＰＤＣＡを回しながら、地道に活動していけばなんらかの反応があります。

田中　客観的に、自分でサイト検索してみるのも手ですね。自分の物件がちゃんと上位に表示されているかをチェックします。価格変更はカンタンだけど、それは最終手段。価格帯と設備を検証して、それでもダメなら撤退を考えるかもしれない。
　どこだって無限に増やすわけにはいかないし、投資としても効率の良いところでやりたいですよね。しかし売上はいろんな要因で伸びたり減ったりするもの。まだ確固たる基準は決めにくいと思っています。

事業の成否を見極めるまでの期間は？

森実　月に1万円も利益が出ない状態が半年も続くなら、もはや撤退した方が良いですね。家主に支払う2年ごとの更新料があると、もはや赤字になります。

田中　この業界では閑散期というものがあまりないので、半年利益が上がらないとなると先が見えますね。

森実　強いていえば閑散期は5月のゴールデンウィーク、お盆、年末年始くらいでしょうか。繁忙期は3月、4月、5月後半、6月、7月など。各企業が会社説明会の場所として貸会議室を求めます。社内では説明会のために固定した会議室を確保できないところが多いようです。

個人でやるならどのくらいまで物件を増やすべき？

田中　一件でやめるのはもったいないと思います。だいたい3つ4つ持ちます。資金としては100万円くらいの規模で事業を考えていますね。その次のステップは、投資できる資金次第になります。あと200万円、300万円をつぎ込めるか、という感じで。最終的には10件くらいが理想なのでは？

森実　私の顧客となっている個人投資家さんでは、3件くらいが平均です。それも一度に3件ではなく、3、4ヶ月に1件くらいの割合で。それ以上増えると問い合わせ対応も大変になってくるのではないでしょうか。

田中　私は今22件もっていますけど全然大丈夫ですよ。あ、でもサラリーマンをしながらだと大変かな。トラブルの電話がかかってきたとき、すぐに対応できるかどうか。べつにすぐ電話に出なくても、後からメールで返信すれば問題ないんだけど、そうすると当日予約したいと思っていた利用者を取り逃がすことにはなりますね。

ただし、このビジネスでうまくいっても、サラリーマンリタイアはおすすめしません。安定収入は得られるけれど、その金額と、この状態が未来永劫続くかどうかというと、それは分からないですから。

森実　たしかに。民泊も盛り上がりましたが、４年で変化がありました。世の中から注目されると、何が起こるかわかりません。既得権益、つまりすでに大手として貸会議室を運営しているところや、大企業が参入してくると個人起業家はひとたまりもありません。

田中　最悪のケースを考えてもキリがない。だからこそ今のうちにやっておいた方が得策といえますね。

市場の成長はいつまで続くのか？

森実　チャプター5のポータルサイトの方々へのインタビューでもありましたが、在宅勤務を推奨している会社が増えてきているので、この流れがしばらく続くことは間違いないでしょう。オフィス需要だけでなく、セミナー講師業やコーチングなど、少人数を対象にやってみたいと思っていた人が、明らかにこちらに流れてきていると感じます。カフェでやるよりも密室感があって良いんでしょうね。その需要と、これから会議室ビジネスに乗り出す供給側プレーヤーの伸び率が、並行して一緒に伸びていくのか、それとも大企業が一気に手がけて安価な会議室を増やしていくのか、気になるところです。

田中　そうなると、部屋を借りて家賃を払いながら運営するスタイルの投資家には厳しくなりますね。やっぱり今のうちにさっさとはじめないと。早くスタートして利益を最大化して、競合が増えて立ち行かなくなったらすぐにやめられる。そういうフットワークの軽さも強みにしたいですね。そう考えると、5年くらいは行けるんじゃないかな。

一番のライバルは?

田中 大企業の進出も脅威だけど、森実さんみたいな運営代行の業者がたくさん出てきて、物件オーナーが直接貸会議室の運営を任せるようになると、私たち個人投資家にとってはやり難くなりますね。

魅力的な部屋づくりとか、予約サイトで上位に表示させるための工夫とか、やりながら改善していくことが大変なんです。運営代行会社がそういうノウハウを確立していて、安心して任せられるならやろうと思う人がいてもおかしくありません。

森実 いえいえ、私たちだって徐々に経験を積み上げていくしかないんですよ。どこでも同じようにできるわけではないし。

代行業者への参入という観点で言うと、もともと特別な技術や資格が要らない点で、参入障壁は低いと思っていました。ただ、民泊業者の近しい人10名に私のやり方を説明しても、貸会議室の運営代行をはじめた人は一人もいません。実は、予約サイトのオペレーションにおいて、民泊と貸会議室には大きな違いがあります。民泊の予約は1物件につき1日1件ですが、会議室は時間貸しなので何件も発生します。その度にダブルブッキングを確認したり、利用者の問い合わせにも答えなければなりません。この作業に結構な手間がかかるので、人材コストがかかるんです。全国展開するとなると、部屋の清掃をどうやってカバーするかが大きな課題で、そのための業者探しや外注費も頭の痛い問題です。

田中　なるほど。そう考えると個人投資家が足を使って開拓し、地元密着型で手堅く運営するチャンスもまだまだありそうですね。

考慮しなければいけない税金とは?

田中　貸会議室運営では、控除する経費がほとんどありません。不動産投資で言う減価償却もないし。だから個人でやると、税金には特に注意が必要です。家賃以外はほとんど手残りなので、個人で規模を拡大して売上が一千万円以上になっても、そこから消費税も所得税も支払います。この額が結構大きいですね。法人で事業所得にすればある程度の経費計上もできるけど、今度は税理士費用がかかってきます。最初から規模を大きくしたいなら法人をおすすめしますが、個人で少しずつ手触り感をたしかめながらやっていくのも良いと思います。

森実　物件を買い進めるスタイルの不動産投資と違うところは、再投資による規模の拡大時でしょうね。部屋を借りて運営する貸会議室は、融資を受けずに小規模ではじめられるけれど、物件を売却して利益を得ることはできません。つまり、毎月の手残りだけが利益に直結するので、そこから税金も支払っていくということを忘れずに。収入は毎月ありますが、税金の計算は1年に一度です。収入すべてを自由に使えると思っていると、後で痛い目を見ることになります。さらに、予約サイトからの売上が振り込まれるのはたいてい2ヶ月後になります。細かくいえば、期末の売上はその年に計上されますが、入金は翌々月になるので、税金の方が先に確定します。資金の運用はしっかり把握した方が良いですね。

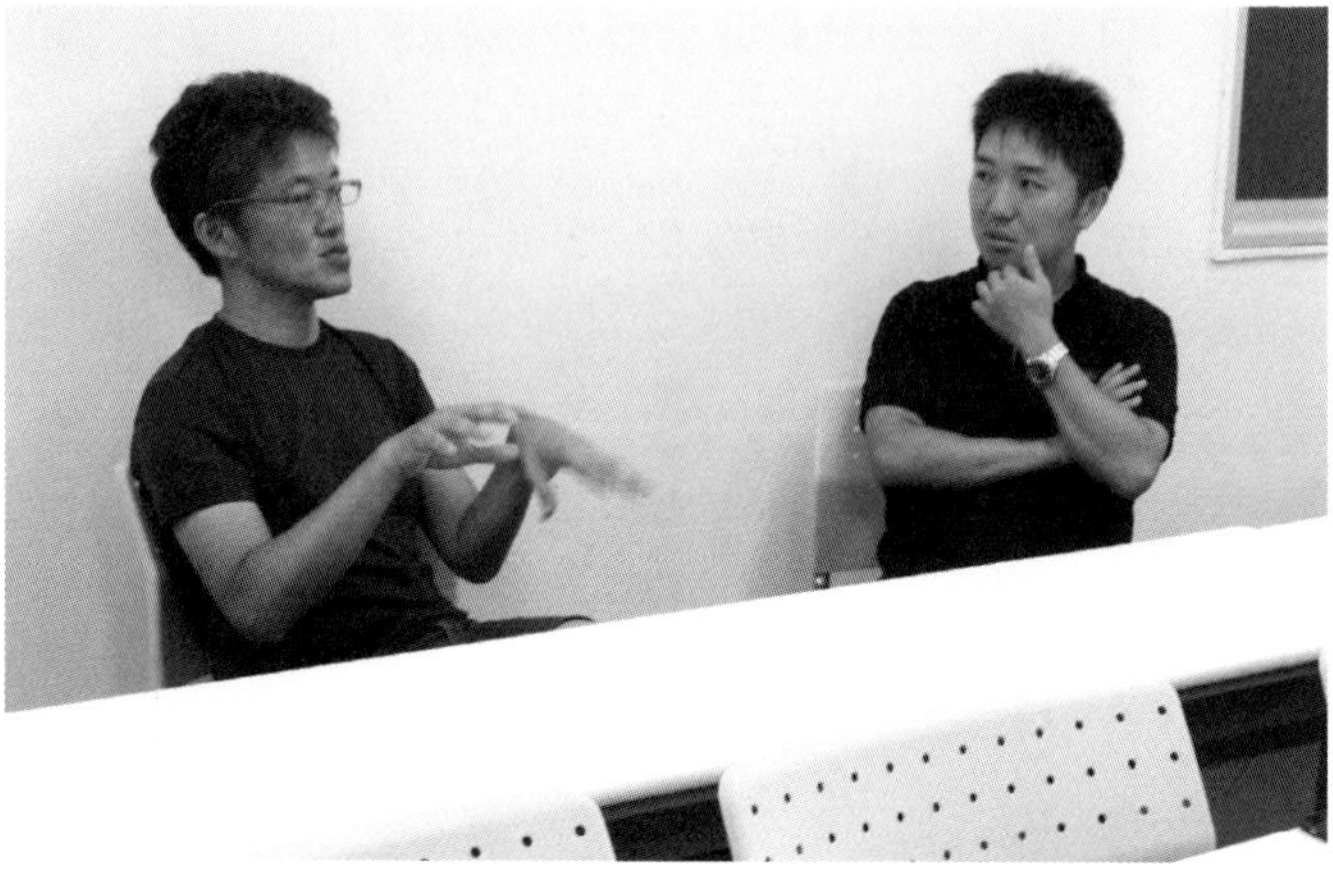

貸会議室ビジネスで得たものとは？

森実　私が手がけた恵比寿のパーティースペースが、あるときNHKで取り上げられたんです。サッカーW杯を大画面TV付きの部屋で鑑賞する、という人たちを取材したものでした。自分が直感的にはじめたビジネスが世の中に紹介されて嬉しかったですね。あと、神田の会議室で一日紅茶販売ショップをオープンした人との出会いもありました。その人は紅茶が大好きで、ご自身の勧める紅茶を販売するという企画をされ、まさにベンチャーですね。たまたま近くを通りかかったときに看板が出ていたので、興味本意で立ち寄ってみたんです。するととても良い感じのお店になっていて、紅茶も美味しいし、思わずお土産に買わせていただきました。

このくらいの規模だと、従来は会場費の問題で月に1回くらいしかオープンできなかったけれど、私の会議室は大手の5分の1くらいの利用料なので毎週開催できるようになったと感謝されました。

こういったベンチャー企業の後押しができることも、ささやかな社会貢献につながっているような気がして、やり甲斐を感じますね。

田中　私にとって、事業運営に関する感覚を磨くことができたのはもちろんですが、このノウハウとか達成感を、どんな人に伝えようかと日々考えています。貸会議室をやる目的は人によってさまざまでしょうけれど、やっぱり利益を上げることが最優先。そしてその後、どんな風に拡大していこうかと考えながら前に進めているときが一番楽しいですね。そして、その楽しさを共有できる人がいるとさらに幸せです。一緒にチャレンジして、一緒に悩んで、出た結果を教えあってともに成長していく。これは目に見えないものですが、事業運営においてとても効果的だし、ありがたいものです。

このビジネスを通じて、東京・大阪・名古屋・福岡・大分など、それまで知り得なかった人々との出会いがどんどん生まれています。最近では森実さんのような本気の人とも出会えて、出版できるチャンスにも恵まれました。この一年で圧倒的に手に入れたものは「人脈」ですね。

これから始めようとする人へのメッセージ

森実　貸会議室を投資商材としてみたらローリスク・ローリターンです。手頃な規模で、きちんと基本を踏まえていけば大きな失敗もない。地道に結果が出てくることを楽しみにしながら進められます。同時に不動産の見方や今後の投資センスを養えるし、自分の成長にもつながります。

田中　不動産投資の練習、といったイメージで捉えると面白いと思います。物件の探し方からはじまって、初期費用がいくらで、どれだけのリターンがあって、経営にはどれだけのキャッシュが必要か。そして何よりお客さんのためにきちんと運営することの大切さを肌で体感できます。いきなり何千万、何億円もの融資で物件を購入して不動産投資に踏み込むよりも、まずは小さな規模で試したいと考える人には最適です。

森実　とにかくこの本を読んだら誰でも、まずは始めてみることをおすすめします。

あとがき

いかがでしたか？　貸会議室の魅力を感じていただけましたか？

この本を読んで皆さんがどのような行動を起こすか、とても興味があります。

「とりあえずはじめてみよう」と駅前の不動産屋さんに行く人、もう少し情報収集したいと考える人、周りがはじめるのを待ってから動く人。

どれも正解だと思います。

今の状況を変えたいと思うのであれば、一番大切なのは「行動すること」なのです。

しかし、投資する前に学ぶことも重要です。

読者の中には、学ばずに人まかせにした投資で失敗した人もいるかもしれません。

サブリースだから大丈夫、元本保証だから大丈夫、この人が言うから大丈夫。すべてが詐欺ではないですが、学ぶことでリスクを回避できます。

本書は市場の成長に先駆けて、貸会議室ビジネスに必要な知識をすべて網羅しました。その点では、もはやこの本を読んだ後は、行動するしかないのです。

空室問題はもはや日本社会全体における課題であり、人口減少に合わせてますます深刻化していきます。

その中で貸会議室ビジネスは、それまで住居や事務所としてしか見られなかった空間を私たちの手で再定義し、その物件の持つ隠れた長所を引き出す仕事です。そういった意味ではクリエイティブな作業であり、潜在ニーズを掘り起こして新たな可能性を見つけ出すための事業です。

このビジネスを通して一人でも多くの方が新たな出会いや発見・創造を手に入れ、社会貢献にもつながる一助になれたなら、著者としてこんなに嬉しいことはありません。

この本を読み、スタート地点に立ったときから、あなたは仲間です。壁にぶち当たったとき、立ち止まりそうになったとき、いつでも私たちに声をかけてください。

新たな一歩を踏み出し、会議室オーナーとなって事業を成功させたあなたにお会いできる日を楽しみにしています。

最後になりましたが、出版にあたりお手伝いをいただいた不動産投資家仲間の桜木大洋さん、そして、私たちの企画にご理解いただき、出版にご尽力いただいた青月社の笠井譲二編集長に心から感謝いたします。

hiro田中
森実勇樹

◉著者プロフィール

hiro田中（ひろ・たなか）

1969年 大阪生まれ。アウトドアとフライフィッシングと家族をこよなく愛する不動産投資家。薬剤師。

製薬会社に勤務しながら不動産投資を始め、10年間で築いた資産は4億円。大阪の北摂地域を中心に区分、戸建、テラスハウス、店舗、一棟マンション等65戸を所有する。

2016年、早期退職を機に不動産投資家グループ「リタイヤーズ」のメンバーとして執筆、講演活動スタート。

2017年から貸会議室ビジネスに目をつけ、わずか1年2ヵ月で関西、九州を中心に22ヵ所の会議室を「お気軽会議室」（登録商標）のブランドで展開。

その傍ら、日本最大の会議室オーナーコミュニティー「お気軽会議室グループ」を主宰し、大阪、名古屋、東京、福岡で勉強会やセミナー活動を行っている。

【Mail】hiro.tanaka.happydays@gmail.com
【Facebook】
不動産投資家hiro 田中 ：https://www.facebook.com/hirotanaka.happydays/
お気軽会議室グループ ：https://www.facebook.com/okigaru.group/

森実勇樹（もりざね・ゆうき）

株式会社クルトン COO。
1986年 愛媛県今治市生まれ。2児の父。
大学卒業後、人材系企業に就職。求人広告の営業を行う。営業部長職、営業所長などを経験後、30歳で株式会社クルトンを共同創業。シェアリングエコノミーの持つ魅力に強く共感し、現在は「シェアリングエコノミー×アセット」をキーワードにレンタルスペースのコンサルティング・運営代行事業を行っている。
現在では全国で160カ所以上の貸会議室やパーティースペースを運営しており、運営代行実績では業界トップのシェアを誇る。

【HP】https://crewtone.jp/
【お問い合わせ】info@crewtone.jp

読者だけの５大特典
今なら無料プレゼント！

貸会議室に興味をもったあなたに贈る、
今スグはじめるための最強ツールを差し上げます。

特典 1　著者：森実勇樹との個別相談権

自分でも始められるのか、このエリアは大丈夫なのか？ どんな疑問も即座に解決できる、森実との30分無料面談。直接対話でもネット通話でもOK。Googleフォームで簡単にエントリーできます。

特典 2　おもてなし・お役立ち POP集(データ)

日本一の管理物件数を誇る森実勇樹が考案した室内掲示用 POP。貸会議室やパーティールームの運営を円滑に進めるための必須アイテムです。ノウハウがぎっしり詰まった完全オリジナル版。

特典 3　facebook 非公開グループへご招待

hiro田中が主宰する貸会議室オーナーコミュニティ「お気軽会議室グループ」へ招待します。貸会議室のことを学びたい、仲間を作りたい、そんな方々に情報交換や交流の場を提供しています。

特典 4　これで万全！備品チェックリスト

机・椅子からホワイトボード用のマジック、スリッパ、文房具用品に至るまで、ユーザーニーズをもとに標準化された準備物一覧。かゆいところに手が届く、シンプルだけど最重要のマニュアル。

特典 5　まずは使ってみよう！会議室クーポン券

本書の対談に登場していただいたスペイシー様より、書籍購入者限定 500 円クーポン券をご提供いいただきました。スペイシーに掲載されているスペースならどこでも利用可能です。百聞は一見に如かず。近所の貸会議室を使ってみましょう！

特典のダウンロードはコチラから！

http://u0u1.net/P1FL

予告なく終了することがございますので
お早めにご登録ください。

低コストで手間いらず！
貸会議室ビジネスで副収入を得る方法

発行日　　2019年 2月1日　第1刷
　　　　　　　　 2月8日　第2刷

定　価　　本体1500円＋税
著　者　　hiro田中／森実勇樹
企画・協力　桜木大洋
発　行　　株式会社 青月社
〒101-0032
東京都千代田区岩本町3-2-1 共同ビル8F
TEL 03-6679-3496　FAX 03-5833-8664

印刷・製本　株式会社ベクトル印刷

ISBN 978-4-8109-1328-6